ブッシュクラフト入門

INTRODUCTION BUSHCRAFT

相馬拓也

山と溪谷社

"あえて"便利なものは使わずに、
"わざわざ"不便な方法をとる。

その不便を、楽しむ。

"いざ"という時にも、役に立つ。

ナイフ一本。
これさえあれば、何でもできる。
ブッシュクラフトのスキルがあれば、
何があっても、どうにかできる。

友人、家族、恋人と。
遊んで、食べて、飲んで、寝て。
見渡す限りの自然の中で、

ただただゆっくり、
過ごしてみる。

現地調達で薪を集め、
ライターやマッチを使わずに火をおこす。
焚き火を使って、ワイルドに焼いた肉。
丹精込めた、こだわりのコーヒー。
手間をかけるほど、

キャンプは
特別なものになる。

時間なんて、
気にしない。

ゆらゆら、焚き火。
日常のイヤなことを
ちょっとだけ、
そのゆらめきに
投げ入れる。

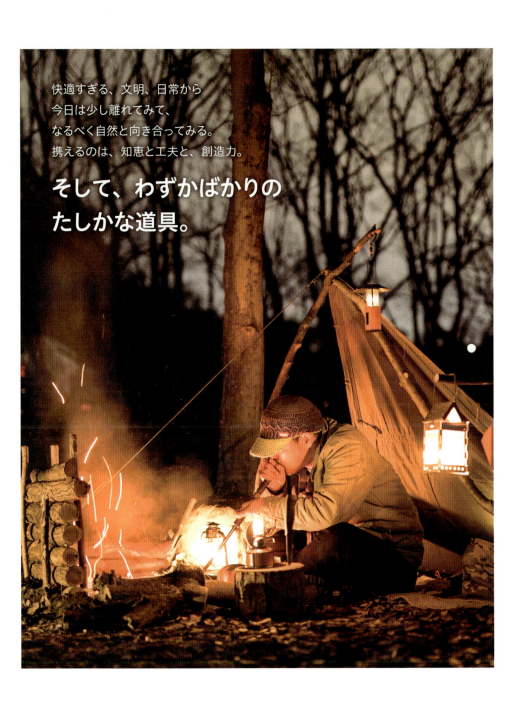

はじめに

　近頃は、日本でも「ブッシュクラフト」という言葉をよく見聞きするようになった。ブッシュ（やぶ）クラフト（工作）という二つの言葉が交わると、「森林生活の知恵」という意味に変わる。つまり、非常に原始的なアウトドア技術のことだ。
　例えばライターやマッチを使わず火をおこしたり、生水を飲めるようにする。木をナイフ一本で加工して道具や寝床を作ったりする。しかもそれを現地調達でやってのけるわけだ。なかには狩猟採集や、魚釣りなどの食料調達法なども含まれる。自然環境の中で生活するための技術や知恵、またはその行為の総称がブッシュクラフトなのだ。
　しかしながら、便利な道具に囲まれた現代において、ブッシュクラフトで使う技術や知恵は徐々に失われてきた。極端な例かもしれないが、マッチの擦り方はおろか、米のとぎ方すら知らない若者もいる時代だ。ライターがあればマッチを使わず、無洗米があるから米をとがない。使われなくなった技術や知恵は、徐々に忘れられていく。
　このような時代に、あえてブッシュクラフトを行おうとする人間にとって、それは趣味であったり、職業であったりする。このような人々を「ブッシュクラフター」と呼ぶ。

ブッシュクラフターにも、その深度は様々で、まさしくサバイバルまがいのブッシュクラフトキャンプを行う者もいれば、火おこしだけはプリミティブな技術を取り入れるといった、ほどほどに楽しむ人も多い。

また、一般的なレジャーにブッシュクラフトを取り入れる場合、これは主に空間の演出に使われる。例えば、身の回りのキャンプ用品を、現地で採取できるような木の枝を加工し、DIYにより手製で仕立てる。テントやタープ、ランタンや収納用品も、少々レトロ調な物で統一することで、まるで開拓時代の生活風景のような雰囲気を演出するものだ。ポイントを押さえて取り入れることで、オシャレで"SNS映え"する行為にもなっている。

本書では本格的なブッシュクラフトについて解説しながら、レジャーシーンで気軽に取り入れられるような道具や技術を中心に紹介していく。一般的なキャンプにおいて少しだけそのエッセンスを取り入れ、他人より一歩リードした「ハイスキル・キャンプ」を演出すること、また人類が積み上げてきた技術の継承の一助になれば幸いである。

相馬拓也

CONTENTS

はじめに ……………………………………… 8
ブッシュクラフトとは？ ……………………… 12

PART 1
道具を使いこなす … 18

ブッシュクラフト的
キャンプ道具一覧 …………………………… 20

これさえあればこと足りる
ブッシュクラフトの"三種の神器" ………… 22

▶ ナイフ ……………………………………… 24
　ナイフの構造 ……………………………… 26
　タングの違い ……………………………… 27
　ナイフの種類と選び方 …………………… 28
　その他のナイフ …………………………… 28
　プーッコの特徴 …………………………… 29
　ナイフの握り方 …………………………… 30

手作りギアこそ
ブッシュクラフターの証 …………………… 32

ナイフや斧を使った
ウッドクラフトにチャレンジ ……………… 34
　チョッピング ……………………………… 34
　バトニング ………………………………… 35
　フェザースティックを作る ……………… 36
　ダストを作る ……………………………… 36
　ポットハンガーを作る …………………… 37
　トライスティックを作る ………………… 38
　ペグを作る ………………………………… 39
　箸を作る …………………………………… 40
　スプーンを作る …………………………… 41
　フライパンの柄を作る …………………… 42
　コードスライダーを作る ………………… 43

ナイフの刃先の種類に応じた
砥ぎ方をマスターする ……………………… 44
　コンベックスグラインドの砥ぎ方 ……… 45
　スカンジナビアンエッジの研ぎ方 ……… 46
　ストレートエッジの研ぎ方 ……………… 47

斧、ノコギリ、マルチツールを
使いこなす …………………………………… 48
　斧の種類 …………………………………… 48
　斧の使い方 ………………………………… 50
　ノコギリの種類 …………………………… 52
　バックソーを自作する …………………… 53
　マルチツールの種類 ……………………… 54
　マルチツール活用法 ……………………… 55

PART 2
焚き火をあやつる … 56

▶ 火 …………………………………………… 58

ブッシュクラフト的
様々な着火法 ………………………………… 60
　マッチの正しい擦り方 …………………… 61
　マッチの防水法 …………………………… 61
　メタルマッチの使い方 …………………… 62
　メタルマッチの種類 ……………………… 63
　打撃式発火法 ……………………………… 64
　摩擦式発火法 ……………………………… 65
　チャークロスの作り方 …………………… 66
　火口を見つける …………………………… 68
　シラカバの樹皮に着火する ……………… 70
　スギの樹皮に着火する …………………… 70
　焚きつけの種類 …………………………… 71
　薪を探す …………………………………… 72

安全かつ効果的な
焚き火の楽しみ方 …………………………… 74
　薪の組み方❶ ……………………………… 76
　薪の組み方❷ ……………………………… 77
　焚き火を育てる …………………………… 78
　ファイヤーリフレクターを作る ………… 79

丸太でそのまま焚き火する
「ラーッパネンヴァルケア」 ……………… 80

着火・消火の方法	81
現状復帰が原則 焚き火の後始末を極める	82
焚き火の目的と効果	83

PART 3 調理と水 … 84

▶食事

クッカーの選び方	88
クッカーの特徴を理解する	88
焚き火で調理する	90

現地調達でトライポッドを作ろう … 92

トライポッドの作り方	93
縄文時代の燻製	94
ブッシュクラフト的料理	96

ブッシュクラフト的コーヒーの淹れ方 … 98

| 豆を挽く | 99 |
| シラカバ樹皮のドリッパー | 99 |

水の重要性と「3の法則」 … 100

水の運搬方法	101
水筒の選び方	102
水筒を自作する	103
飲み水確保の方法	104
竹で煮沸する	105

PART 4 ロープの種類と使い方 … 106

テント・シェルター設営に役立つロープの種類とロープワーク	108
ロープの種類	109
ロープワークの使いどころ	110
もやい結び	112
エイトノット	113
トートラインヒッチ	114
トラッカーズヒッチ	115
エバンスノット	116
トグルフリクション	117
トグルヒッチ	117
スローイングノット	118
ガースヒッチ	119
クローブヒッチ	119
ブルージック	120
クレイムハイスト	121
ダブルフィッシャーマンズベント	121

PART 5 野営の方法 … 122

▶野営 … 124

野営手段の定番アイテム タープを活用する … 126

| タープを使った暖のとり方 | 127 |

ブッシュクラフト的タープでの野営スタイル … 128

タープティピー型	129
Aフレーム型	130
ウイング型	131
クローズドA型	132
リーンツー型	133
ダイヤモンド型	134
アディロンダック型	135
ハンモックのススメ	136

COLUMN

| カヌーか、カヤックか | 138 |
| おわりに | 142 |

ブッシュクラフトとは？

「Bushcraft」の語源と定義

『Bushcraft』という単語を和訳すると、「生活の知恵」となる。しかし、現在広まっている意味に近づけるならば、たとえば「自然生活の知恵」、「森林生活の知恵」などと呼べるだろうか。

起源をたどってみると、どうやら『Bushcraft』という単語は、1800年代のオーストラリアや南アフリカで使われ始めたのが最初のようだ。諸説あるが、当時のオランダ人が南アフリカの木々の生い茂る現地を「bosch」と名付け、そしてそこに住む原住民を「boschjes man」と呼んだ。これがやがて現在知られている「Bush man」となり、「Bushcraft」の語源になっている、という。その当時から、自然環境における生活術のことを、全般的にBush craftと呼ぶようになったようだ。

人類がアフリカで誕生し、進化しながら世界各地に分布するにつれて、様々な人種に進化しながら環境に適応していった。そして、その地域ごとに最適な暮らしを営んでいく。世界各地で自然環境は違うため、その地域に適したブッシュクラフトがある。つまり、ブッシュクラフトには、「こうでなくてはならない」といった定義はないのだ。

ブッシュクラフトは魔法ではない

普段あまりキャンプなどをしない人にとっては、ブッシュクラフトスキルは魔法のように見えるかもしれない。だがそれは、やろうと思えば誰にでもできることでもある。

そのスキルを身につけていれば、アウトドアにおいてとても実用性が高く、レジャーシーンなどで活用できたら周囲から一目置かれるようになるかもしれない。また、災害時などもしものときには自分や家族、そして他人の命を守れる可能性がある。

サバイバルとブッシュクラフトの違い

　ブッシュクラフトは、軍隊の訓練にも採用されているという。たしかに、その本来の姿はほとんどサバイバルに見える。ブッシュクラフトとサバイバル、一体なにが違うのだろうか。

　よく言われるのは、『サバイバル＝生還目的』『ブッシュクラフト＝生活目的』という定義だ。

　しかし、少し言い回しを変えて、ここに違う定義を提唱したい。

　『サバイバル＝状態』
　『ブッシュクラフト＝手段』

　このように区別して考えてはどうだろうか。なぜなら、そもそも「必要」だからブッシュクラフトを行う人々にとっても、それは生活の手段だからだ。

　仮に、もしも『目的』で区別した場合、たとえば「サバイバルだからブッシュクラフトする」と言ってしまうと文脈に矛盾が生じてしまう。

　ところがこれを『状態』と『手段』という認識で見ると、矛盾はない。

　実際の軍隊のトレーニングでは、「サバイバル状態に陥ったときに生き残るための手段として、ブッシュクラフトを訓練する」というらしい。まさしくそれだ。「サバイバル術」という言葉になれば、それはサバイバルのための技術という意味になり、ブッシュクラフトはそのうちの一部として包括される。

　ブッシュクラフトは、大自然を開拓したり、そこで生活するための手段。サバイバル状況で生き抜くための手段。アウトドアスキルを上げる手段。キャンプを楽しく演出する手段。そう認識していただくことで、サバイバルとの違いがより理解しやすくなるかもしれない。

ブッシュクラフトの装備は不便であり不必要？

ブッシュクラフトにおける道具や装備は、現代人からすると一見不便であったり、不必要に見えるかもしれない。それもそのはずで、現代の装備というのは知識や技術のない人でも、簡単に必要なものを得られるように開発された商品であるからだ。

たとえば調理用の火が欲しければ、ガスストーブでワンタッチで着火できるし、灯りが欲しければLEDがある。しかし、これをブッシュクラフターは焚き火一つでまかなったり、またはロウソクやオイルの灯りを使う。そして現代でも、ブッシュクラフターはそれら一見不便な装備を好んで採用するのだ。

せっかくキャンプを趣味にしていても、便利な道具がないとできないとなると、災害時など必要に迫られたときに、役立たなくなる。それに対し熟練のブッシュクラフターは、自らのフィールドで命をつなぐ術を熟知している。仮に焚き火とは別に小さな灯りが欲しい場合、もしロウソクを忘れていたとしても、調理油と紐、あるいは綿の布（衣服を少し切ってもいい）は持っているかもしれない。あとは何かしらのくぼみがある器になるものを見つける。もしくはそれすらも作ってしまえば（例えばくぼんだ石ころか、木を加工してすぐに作れる）、それだけで簡易的なランプが作れてしまう。

ただ、この場合バックアップとしてライトを持っていればいいわけなので、必ずしも不便な道具だけにこだわれというものではない。

レクリエーション化とこれからのブッシュクラフト

たとえば、オートキャンプ場に訪れた家族がいたとしよう。お父さんがバトニング（→P35）を用いて薪を割り、「わざわざ」メタルマッチ（→P62）で着火する。まさに、ブッシュクラフト的行為だ。実際には、ライターと着火剤のほうが手っ取り早いのだが、「あえて」ブッシュクラフトらしく、火をおこす。

このように、レジャーの中でわざわざブッシュクラフトスキルを採用して、不便を楽しむ。現在では、ほとんどの場合がこのようにレクリエーションとしてブッシュクラフトを取り入れている。

このような状況を悲観すべきだろうか。私はむしろ歓迎している。ブッシュクラフトはレクリエーション化したほうがいいとさえ考える。

たしかに、ブッシュクラフトがレクリエーション化したことで、本当に実用的なレベルのスキルを持つ人の割合は減少したかもしれない。しかし、たとえ割合が少ないとしても、母数は増えている。情報もネットやSNSであっという間に広まるため、実態としてブッシュクラフターのレベルは底上げされている。

そして、何より重要なことがある。

それは、ブッシュクラフトそのものが失われずに残り続けるということだ。

もしもブッシュクラフトが、本当に必要とする人にしか伝わらないものになってしまえば、いつしか不要になって忘れ去られてしまうかもしれない。しかし、これがレクリエーションとしてこれからも受け継がれていくものであるならば、世界中の人々の手によるさらなる発展を、期待することができる。

HINT　カヤックとカヌー

レクリエーションとして発展した例の一つとして、カヤックやカヌーが挙げられる。水辺で生活しない人間にとって必ずしも必要ではないが、スポーツ化したことにより技術や品質が向上し、今でも盛んに行われている。多くのウインタースポーツにも、同じことが言えるかもしれない。

現代における実際のブッシュクラフト

ブッシュクラフトには、「あえて」「わざわざ」「不便」という言葉がよく似合う。

実際のところ、ブッシュクラフトをやる「必要」があるのか？と訊かれたら、現代社会においては基本、否である。なにしろ現代には、便利な道具が溢れている。

文明の利器は、人を未知の領域まで連れて行ってくれる。本来なら生息できないような、また、行く必要性のないような領域まで行けてしまう。

ブッシュクラフトは、自然のなかでの生活の手段として、太古から成熟されてきた。しかしだからといって、生存や生活の継続が難しい場所での利用だけを目指すためのものではない。現代においては、自然体験やレジャーシーンなど、より豊かで楽しい空間で扱われるのが適していると言える。

ブッシュクラフトがいま注目を浴びているわけ

ブッシュクラフトスキルを習得していると「何があってもどうにかなる」というメンタル面での強さも兼ね備えることができる。このメンタルの強さは落ち着きと冷静さにつながり、「観察力・思考力・問題解決能力・判断力」などの、アウトドアのあらゆる場面で役立つ力を飛躍的に養ってくれる。

こういった点から、ブッシュクラフトは登山やその他のレジャーを楽しむ人々からも、近年になって改めて高い注目を浴びているのだ。

はじめる前に、規制や禁止事項などを確認する

ブッシュクラフトの基本スキルである焚き火が、最初に直面する問題は場所である。

当然ながら、所有者や管理者が明確に「禁止」としている場所では、焚き火をしてはいけない。単に禁止といっても、それは「直火」の禁止であって焚き火台等を使えば許される場合もある。

明確な禁止というのは、キャンプ場であればウェブサイトやパンフレットに書いてあるはずで、受付時に訊ねれば教えてくれるはずだ。

地域属性ごとの細かい規制については、関連するページを検索するか読み込んでいけば、必ずどこかにルールが書かれているはずなので事前にチェックしよう。

また、なるべく自然を破壊しないよう心掛けるべきだ。自分（人間）の痕跡は残してはならない。ここでいう痕跡というのはたとえば、焚き火痕やゴミなどを指す。

自分の所有物である、あるいは所有者の許可を取っている場所であれば問題はないが、もしもその場所が無許可、あるいは誰の土地かもわからない場所であるなら、残して良いのは足跡だけだ。

はじめはキャンプ場で手軽に試して慣れていく

キャンプ場は、整った環境でありながら、手軽にブッシュクラフトを試せるという点で便利だ。いきなり自然界でブッシュクラフト的なキャンプを行うよりも、まずはキャンプ場で慣れてからにしよう。

キャンプ場ともなると他に誰かしら人がおり、装備はいくらでも持ち込めるのでキャンプ用品をフル装備で挑んでもかまわない。ただ単にブッシュクラフト気分を味わうだけなら、三種の神器（→P22）を持っていれば楽しめる。ひとまず火おこしをブッシュクラフト的に行い、調理も焚き火のみで行ってみるわけだ。付近で枝木が拾えるなら、ウッドクラフトにチャレンジしてみてもいい。ワークショップ的に取り組んでみれば、意外にも女性や子供でも楽しんでもらえるはずだ。

すべての装備をブッシュクラフト的にそろえてもいいが、それなりにコストもかかるので、すでに所有しているキャンプ用品があるならばそれで行こう。

ただ最近では、キャンプ場ですら直火が禁止なところがある。せっかくブッシュクラフト的なキャンプをしにいくのだから、その点は事前に確認しておこう。

PART 1

道具を
使いこなす

ナイフ、斧、ノコギリなど、
ブッシュクラフトで必要な道具は、
キャンプに比べると決して多くはない。
必要な道具のみを的確に
使いこなすことが大切だ。
熟練者ともなれば、ナイフ一本あれば、
何でもこなすことができるのだ。
様々な道具の種類や活用術、
メンテナンスの方法を紹介しよう。

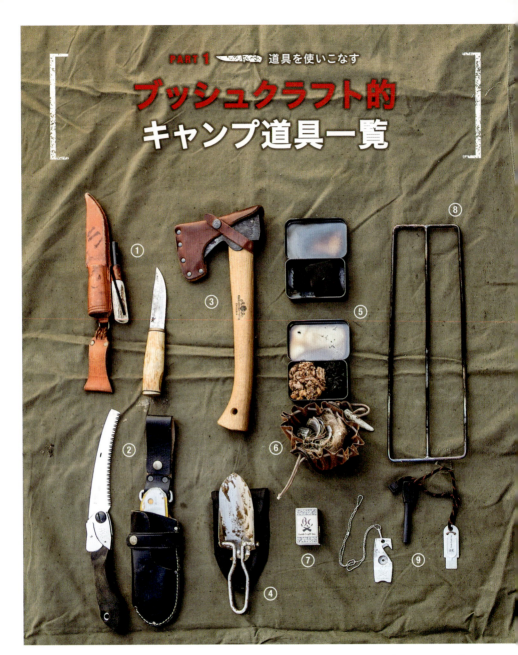

ブッシュクラフト的キャンプ道具一覧

PART 1　道具を使いこなす

①ナイフ（P24）／ブッシュクラフトにおけるマストアイテム。ケースにメタルマッチが付属している。②ノコギリ（P52）／現地で薪を獲得する際に必要になる。③斧（P48）／薪割りが主な役目だが、上級者はナイフのごとく使いこなすほど汎用性も高い。④スコップ／火床を作る際に必要。⑤チャークロス（P66）／火をおこすためのスターター。⑥火口（P68）／火種から火を移し大きくするためのもの。⑦マッチ（P60）／予備の着火アイテム。⑧ゴトク／焚き火で調理をする際に、クッカーやフライパンを乗せる。⑨火打金とメタルマッチ（P63）／着火アイテム。雨風に関わらず確実に着火できる。

⑩フライパン(P89)／柄の部分は現地調達で作る。⑪カップ&カトラリー(P40)／ククサやスプーンなど。簡易なものは現地で作ってしまう。⑫クッカー(P88)／湯を沸かしたりごはんを炊いたりするときに使う。⑬水筒(P102)／人が生きる上で欠かせない水の運搬手段。⑭浄水器(P104)／川の水などを飲み水として使えるようにする機能を持ったボトル。⑮ランタン／レトロなデザインは趣がある。⑯タープ(P126)／張り方のバリエーションは様々。フィールドに合わせて野営地の拠点を作ろう。⑰ロープ(P108)／タープ設営に欠かせないロープ類。⑱グランドシート／ブッシュクラフターはチェアなど使わず地べた座りが主流。

[PART 1　道具を使いこなす]

これさえあればこと足りる
ブッシュクラフトの"三種の神器"

ここで紹介する3つの道具さえあれば、フィールドのなかで野営することができる。最低限そろえたい必須アイテムだ。

ナイフ

　三種の神器と銘打ったが、実のところ究極的にはナイフ１本で野営をすることはできる。なぜなら、ナイフがあれば火おこし道具も水筒も自然のものから作りだすことができるからだ。それ自体が外敵から身を守る武器であり、また道具でありながら、その他のあらゆる道具を作り出す創造主でもある。ドングリ、クルミ、クリなどを見つけたら、その殻を砕くためにも使え、狩猟で獲物を得るための道具やトラップ、釣り具も作れる。そしてもちろん、調理の際にも欠かせない。とにかく、ナイフがなければブッシュクラフトも野営も始まらないのだ。

　人類は石器時代に刃物を作り上げ、そこから文明的に繁栄してきた。刃物は最も原始的かつ汎用的で重要な道具なのだ。刺す、切る、削る、割る、叩く、なんでもできる。まず最初に時間やコストをかけて選ぶべきアイテムが、ナイフなのである。

火おこし道具

　たしかにナイフがあれば火をおこすこともできるが、それはサバイバルなどの過酷な状況での話。実際には、火おこし道具も常に身に着けておきたい。

　摂氏3000℃ほどの強力な火花で着火できるメタルマッチや、携帯に向く原始的な着火道具である火打石と火打金など、詳しくは第２章で紹介するが、様々な道具を使いこなし、巧みに火をあやつろう。

水筒

　人は、水分を補給しなければ３日しか生きられない。生命を維持するのに、水は大事なものであるから、水筒は必ず肌身離さず装備したい。ハイドレーションや、数ℓの容量のあるメインタンクとは別に、必ず500ml〜１ℓほどの水を入れておける水筒は別に用意しよう。また、どういった水筒があるのか、現地調達での水筒の作り方などは３章で詳しく紹介する。

REAL BUSH CRAFT

"三種の神器"を肌身離さず持つ理由

ブッシュクラフトキャンプでは、荷物を置いて周辺を行動することが多く、作業時には両手がフリーである必要がある。三種の神器のような重要装備は、必然的に腰回りに装着して携帯されるようになる。その状態を、ごくトラディショナルなスタイルで描いてみた。普通のキャンプではコスプレのように見えてしまうかもしれないが、ブッシュクラフターとしては決して大げさではなく、必然性のあるスタイルなのだ。

トラディショナル
スタイル

ナイフ

ブッシュクラフトにおいてナイフは、絶対に必要かつ、もっとも基本的なツールだ。ナイフがなければ、何も始まらない。ナイフがあれば、何でもできる。ナイフさえあれば、生きてゆける。

多種多様なナイフ
どれを選んでどう使う？

　ほとんどの人は、ナイフを単に「切ったり削ったりする道具」または「武器」、と思っているのではないだろうか。しかし、たとえばバトニング（→P35）というテクニックを使えば、小さなナイフ一本で、薪割りだってできる。

　数ある種類のナイフのなかでも、とくにシースナイフ（固定刃で腰のベルトに装着するタイプ）がマストアイテムだ。なかでも大定番なのがスカンジナビアンエッジ（→P46）。さらに、プーッコ（→P28）を選ぶか、もしくはフルタング（→P27）を選ぶかは、人それぞれだ。

　また、イギリスやカナダ、アメリカ人の多くは、スカンジナビアンエッジのなかでもとくにベベル（→P26）が低めで、鈍角でタフなスカンジナビアンエッジのフルタングのナイフを選ぶ。北欧や日本では、フィンランドに端を発するプーッコを選ぶ傾向にあって、高めから始まるベベルか、薄めのブレードでより鋭く、スライスや細かいクラフトに向くナイフを好む。

　現在ではコンベックスグラインド（→P45）の有効性も見直されており、最近流行ってる。これはシャープニング（研ぎ）が難しいとされているが、実際には一般的なシャープナーで十分に研ぐことができる。

　要するに、どのナイフでも慣れたもん勝ちだと言える。

ブッシュクラフトの
必要性と可能性

　文明が発達したいま、ブッシュクラフトは必ずしも「必要」ではなくなっている。でも、文明の恩恵を享受できない状態（サバイバル）やトラブルに陥ってしまったり、ちょっとした忘れ物をしてしまったりしたら、どうだろう。もしもブッシュクラフトを習得していれば、きっとスムーズにその局面を乗り切ることができるはずだ。

　たとえばそう、たった一本のナイフを持っているだけでも。

HINT　ナイフ一本でピンチを脱出？

たとえばキャンプ場で、いざタープ設営をするというときに、もしもペグを忘れてきてしまっていた場合、一般のキャンパーならどうするだろうか？
急いで管理棟にペグを買いにいく？　でも、管理棟に売って無かったらどうする？　おそらく大半は設営をあきらめてしまうだろう。
ただ、これが少しでもブッシュクラフトをかじっている場合、「ペグくらいすぐ作れる」という発想になる。場合によっては管理棟に買いに行くよりもはるかに早く、ナイフで枝木を加工して、十分な実用性を備えた木製のペグを完成させることができる。

PART 1　道具を使いこなす

【 ナイフの構造 】

自分に合ったナイフを選ぶ前に、ナイフの構造と各部位の名称を理解しよう。

ナイフの種類は大きく分けて2種類

ナイフはブレード（刃）が固定されている「フィクスドブレード」と折りたためる「フォールディング」の2種に分類できるが、メインナイフとして選ぶならフィクスドブレードだ。その理由は高い耐久性である。ナイフ1本でなんでもこなそうとするならば、やはり優先されるのは耐久性なのだ。一方、フォールディングナイフはコンパクトに収納できるし、細かい作業に向いている。基本的にはメインナイフのバックアップやサブとして持つことが多い。

ナイフの部位名称（プーッコの場合）

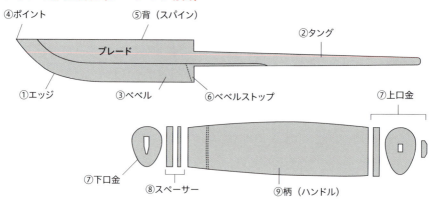

①エッジ
何かを切るために使う、ナイフの鋭利な部分のこと。エッジにも様々な種類がある（→P44）。

②タング
日本語で「なかご」のことであり、フィクスドブレードのハンドルとブレードの固定方法のこと。

③ベベル
刃の削られている面を指す。セカンダリーベベル（2段目）やマイクロベベル（目には見えないほど細い削り）など、数段階に分けて刃に向かう。

④ポイント
刃の先端のこと。ほとんどのナイフは尖っているが、安全性を重視したタイプのものもある。

⑤背（スパイン）
片側のみの刃のナイフ（シングルエッジ）の刃のついていない辺のこと。

⑥ベベルストップ
ベベルの終結部分。大泉氏（→P29）のプーッコはベベルストップを設けず、さらに下口金との接合性が非常に高いため水分などが侵入しにくく高耐久。

⑦口金
ブレードとハンドルを接合させるパーツ。ハンドル後端域を「バット」、下口金部分に指止めがあるものを「ヒルト」、サンドする場合は「ボルスター」と呼ぶ。

⑧スペーサー
柄とナイフ本体（タング）の間に挟み込む、接着強度を高めるための薄いシート。

⑨柄（ハンドル）
ナイフの持ち手。様々な素材がある。

【 タングの違い 】

ナイフの種類はタングの違いだけでも数多く存在する。強度に関わるタングの構造の違いを知っておこう。

名前	構造	
フルタング	ブレードと同じかそれ以上の幅のままグリップエンドまで続く。最も頑丈で信頼性が高い。	
フルテーパードタング	フルタングと同等だが、ブレードの厚みがエンドに向かって徐々に薄くなっていく。	
フルアーマードタング	著者がフルタングの上級を目指して開発した構造。フルタングではむき出しになる鋼材を全面カバーすることで寒冷地や耐食性に対応している。	
コンシールドタング	タングがハンドル内に完全に隠れ、長さはハンドルの半分以上になる。	
ナロータング	タングがブレード幅よりも狭く削られているタイプ。ハンドルを貫通しているものもある。ピンとネジで固定するタイプがある。	
ラップドダンク	フルタング同等の強度を持つ構造で、ブレード鋼材が強度を保ったままハンドル内を貫通していく。	
ラットテールタング（プーッコ）	ブレードと同じ幅で始まり、強いテーパー（先細り）を経て、鋼材の厚みと同幅まで狭まる。テーパのないものはスティックダンクという。	

【 ナイフの種類と選び方 】

ブッシュクラフターにとって、何がベストか。ナイフを選ぶ際のポイントを紹介する。

サバイバルナイフとクラフトに向くプーッコ

端的に言えば、サバイバルナイフとプーッコの2種から選ぶことをおすすめする。決してサバイバル状態に備えるためではないが、枝を落としたり薪割りをしたりと、ブッシュクラフト的キャンプではナイフを斧のようにハードに使う可能性がある。その結果、主に頑丈である点で、サバイバルナイフの性能が合致するのだ。

そして北欧発祥のナイフであるプーッコは、刃先の角度が鋭利なことから、ウッドクラフト系の細かい作業がしやすく工作に向く。切り出した枝や薪などからクラフトするのもブッシュクラフトの楽しみだ。その点ではサバイバルナイフよりも取り回しがいいだろう。刃渡りは手のひらの横幅と同じくらいか、プラス親指1本分くらいの刃渡りのものを選ぶといいだろう。

Bravo1 ランブレス(バークリバー社)

戦闘用ではない、純粋なサバイバルナイフ。米軍の偵察部隊が「自然界で生き残るため」に開発されたナイフをベースにしており、現在ではハンティングからブッシュクラフトまで幅広く使われている。

F1(ファルクニーベン社)

スウェーデン空軍の戦闘機搭載用のサバイバルナイフとして採用されて一躍有名になった。小型軽量でハンティングナイフをベースに開発されており、戦闘用ではない、真のサバイバルナイフの1つ。

【 その他のナイフ 】

ナイフは用途によって多岐に渡る。それぞれの特徴を知って、適切に使い分けよう。

調理用ナイフ

いわゆる包丁。刃のハンドルのすぐ近くの「アゴ」と呼ばれる部位が、直角に下方向に飛び出ているのが特徴だ。刃も薄く、食材が切りやすい。

コンバットナイフ

戦闘用・観賞用のナイフ。ブッシュクラフトに不向きで、例えばスパインがノコギリのようにギザギザしていたり、ブレードの根元部分にセレーション(波刃)が入っていたりする。

登山用ナイフ

登山ではマルチツール付属のナイフを携行する程度だろう。クライミングではザイル(ロープ)カットを考慮した、波刃のついたナイフが選ばれる。

ハンティングナイフ

見た目の特長として、スキニング(皮剥ぎ)に特化した形状であること、また、ブレードのスパインにフック状のカギのようなもの(ガットフック)がある。

【プーッコの特徴】 現代ブッシュクラフト発祥の地とも言える北欧諸国生まれのナイフについて、詳しく解説しておこう。

歴史や文化を重んじる ブッシュクラフターのナイフ

　前述したように、プーッコは薄めのブレードと鋭利な刃で細かい作業がしやすい。より上級者や、歴史や文化を重んじるブッシュクラフターほどトラディショナルなプーッコを選んでいる。右の写真はいずれもスカンジナビアンエッジのナイフで、上にむかうほど伝統的なプーッコ、下にむかうほど現代的に並べてみた。外見で見分けるなら、ベベルの開始点がブレード中心より上か下か。そしてタング構造で大別することができる。中央に置かれたブッシュクラフトスカンジのモデルはちょうど中立的なナイフと言える。

REAL BUSH CRAFT
日本人が手作りしている トラディショナルなプーッコ

　プーッコ発祥の地フィンランドで鍛冶工房を営む日本人がいる。大泉聖史氏だ。2016年にはフィンランドプーッコ協会が主催するコンペティションにおいて、モダンプーッコ部門の最優秀賞を受賞している。大泉氏のプーッコは、伝統に則って鋼材から手打ちの鍛造製法で制作しており、ハンドルからシースまで一人で手作りしている。現在日本で入手可能なプーッコの中で、最もトラディショナルなプーッコを作る人物と言えるだろう。彼自身プロのネイチャーガイドであり、ブッシュクラフターでもある。

著者がフィンランドの露店で購入。ラットテールタング／フルハイトグラインドのプーッコスカンジ。

大泉氏のプロとしての初期の試作品。ラットテールタング／プーッコスカンジ。

カウハバンプーッコパヤ社製。スティックタング／プーッコスカンジ。

大泉氏の作品。ナロータング／ブッシュクラフトスカンジ。

大泉氏の作品。フルタング／ブッシュクラフトスカンジ。

レイ・ミアーズ冠モデル。フルテーパードタング／ブッシュクラフトスカンジ。

MORA ガーバーグ。ラップドタング／ブッシュクラフトスカンジ。

【ナイフの握り方】

突き刺したり、穴をこじ開けたり、削ったり、細かい作業をしたり。握り方ひとつで、目的も変わってくる。

上級者ほど小回りのきくサイズを好む

ナイフでの作業に慣れた人ほど、コンパクトなナイフのメリットを熟知し、大きな刃物を使わなくても大抵の作業をこなせるようになってくる。

ここに紹介する握り方には、初級者向けから上級者向けのものもある。怪我には充分に注意しよう。よく切れる刃物のほうが怪我はしにくいが、油断すると熟練者でも大怪我をすることがある。ナイフの種類だけでなくその握り方も、シチュエーションによって使い分けられるようになろう。

順手

ナイフを手のひら全体で握る、最もオーソドックスで初心者向けの握り。ペグの先端を削るようなとき、この握りで前方に向かって削りとればいい。

1

慎重に削る場合は、左手でサポートしながら行うと失敗がない。

2

左手親指を支点に押し出しながら、右手でナイフを回転させると、長いストロークで慎重に削ることができる。

順手逆刃
自分の胸のあたりを対象物の土台として、刃を自分に向けて使うときなどに用いる。

ブレードを短く持つことで、細かい作業もできる。

左手がどうしても刃と向かい合ってしまう状況の場合、左手の親指をストッパーにすることで怪我の予防になる。

逆手
細かいコントロールがしにくいが、力は入りやすい。削る作業に向いている。

手前側の木の端を胸に押しつけて、ガッツポーズをするように手間にナイフを引く。

ブッシュクラフトでは滅多に使われない。突き刺したり戦闘に使われることがある。

ペンシル
鉛筆のように握る。繊細な細工や模様を掘るなど、かなり細かい作業に有用だ。

彫りたい場所やガイドを入れたい部分にナイフの先端をあてて、引くように手首を動かす。

PART 1　道具を使いこなす

手作りギアこそ ブッシュクラフターの証

様々なスキルを駆使し、ナイフや斧などで木材を加工。様々な道具を自作する。
それは、世界にひとつだけの、自分だけの、ギアになる。

ナイフのことを学んだら ウッドクラフトに挑戦する

　前述のとおり『ブッシュクラフト』という言葉には、二つの単語が含まれている。このうち「クラフト」は「手芸」や「工作」などといった意味だ。

　現地調達を基本とし、枝木や動物の骨や皮を加工して自分のキャンプ道具を「クラフト」すること。これこそがブッシュクラフトの醍醐味であり、もっとも注目度の高い要素の一つだ。

　ウッドクラフトは、ブッシュクラフトの世界において第一に重要となる。なかにはレザークラフトを行う人も少なくない。

　これまでに紹介した、ナイフの選び方や握り方を思い出しながら、ぜひブッシュクラフト的なウッドクラフトに挑戦してみていただきたい。様々なギアを手作りできてこそ、ブッシュクラフターと言える。

【ウッドクラフト実例】

Aチェア

まっすぐな枝木で作ったトライポッド（→ P92）をベースにした、ハンモックのようなイス。オシャレで充実した空間を演出することもできるし、制作も簡単。

ランタンハンガー

シンプルなのは蟻溝（→ P38）で棒をクロスさせた「ハンギングタイプ」だ。写真は台座を設けた、さしずめ「スタンドタイプ」。ハンドルのない登山用ランタンでも役立ちそう。

ポットハンガー

焚き火にクッカーを吊り下げるフックを枝木から作る。様々なスタイルがあり、そこにある材料からどう作るか考えるのも楽しい（→ P37）。

カトラリー

スプーンやフォークなど、カトラリー制作はブッシュクラフターの登竜門。まずは簡単な箸からトライしてみよう。自分のものだから、失敗なんてお構いなし。（→ P40）

ペグ

ペグ制作も難しくない。ペグを忘れたときにはもちろん活躍し、持参のペグが刺さりにくい場所では、むしろ自作が有効のときもある。（→ P39）

PART 1 道具を使いこなす

ナイフや斧を使った ウッドクラフトにチャレンジ

時には豪快に、時には繊細に。ここでは、ウッドクラフトにおけるブッシュクラフト的な様々な技術や、それらを駆使して自作できるアイテムたちを紹介する。

キャンプシーンで刃物の扱いに慣れておこう

日常ではもちろん、いわゆる一般的なオートキャンプでも出番の少ない刃物類。ナイフは持っていても調理のときに使う程度のキャンパーも少なくないだろう。しかし、ブッシュクラフト的なキャンプではナイフや斧の出番は非常に多い。着火のための焚きつけを作ったり、薪を現地調達したりと大活躍。もちろんクラフトするにもナイフや斧は欠かせない。こうした機会にナイフ類の使い方に慣れておくのも、キャンプの楽しみ方のひとつだ。

【 チョッピング 】

ナイフや斧をチョップするように振り下ろし、太めの枝や丸太などを少しずつ叩き切っていく技術だ。

太めの丸太を切り落とす際、ノコギリは労力がいる。しかし、切り口が雑でよければチョッピングがおすすめ。V字に切り込んでいくのが基本的な方法だ。斧や鉈など重量のある刃物で行うのが適している。

斧や鉈で行うのが一般的なチョッピングだが、ブレードの大きいナイフでも対応できる。

【 バトニング 】 ナイフを棒（バトン）で打って木を割ったり切り込んだりする方法。薪作りや焚きつけ作りに頻出する技術だ。

1 薪の短辺にナイフの刃を押し当てて、ナイフの背を別の薪でコンコンと叩いて刃を薪に食い込ませていく。

2 薪がナイフに食い込んできたら、さらに強くナイフの背を垂直に叩いていく。乾燥した割れやすい薪であれば、この段階で割れることもある。

3 ナイフの刃全体が薪に食い込んだら、ブレードの先端を叩いていく。先端ばかりが食い込んで叩きにくくなったら、ナイフを水平に調整しながら叩く。

4 割れる瞬間、ブレードが石や岩にヒットすると刃を痛めることもあれば、ケガの恐れもある。薪で刃を叩くときは大振りはしないように。

5 十分刃が食い込んでも薪が割れないようなときは、刃をひねるように回すと割れることもある。

> **HINT　薪割り以外にも応用できる**
>
> たとえば、ノッチ（切り込み）を作るときにも利用できる。切り込みたいところに刃を当てて叩き込めば、比較的簡単にノッチを作ることができる。また、ブレードの背ではなく、グリップエンドを叩いてノミのように使う方法もある。しかしこの場合は、基本的にナイフの鋼材がハンドルを貫通し、エンドに突き出ているタングのみで行うようにしよう。

PART 1　道具を使いこなす

【 フェザースティックを作る 】

手ごろな焚きつけがなくても、着火を助けることができる。ナイフワークの基本的な技術だ。

バトニングで作った細割りに、角からなるべく長く細めのカールを入れていく。

このとき、薪本体からカールを落とさないように心がけるのがポイントだ。

カールをいくつも重ねることで、着火だけでなく焚き火を一気に成長させることにも役立つ。

やりにくくなってきたら、別の角で同じようにカールを作っていく。

【 ダストを作る 】

乾燥した薪を火口にする技。まともな火口、あるいはライターやマッチがないときに活躍する。

ナイフのスパインに角が立っていれば、その角を使って木をこそいでいく。この原理を応用すれば、クラフトの表面仕上げにも使える。また、刃のほうでも同様に行うことができる。

杉やヒノキ、松の木やシラカバなどの燃えやすく柔らかい木材で行えば十分な火口となる。

【 ポットハンガーを作る 】

焚き火の上で鍋を吊るすためのポットハンガーを、それを吊るす土台から作ってみよう。

ケトルや鍋を吊るすハンガーには、複数のノッチ（切り込み）を入れておくと、強火や弱火・保温などの火力調節を行うことができる。

ノッチを引っ掛ける側にも滑り止めとなるくぼみを入れておくとよい。

支えとなる木は適当な位置で枝が分かれているものを選ぶ。

枝が分かれている部分をペグのように使って土台となる木を固定。

ハンガーの形は自由。現地で見つけた落ち木の枝振りや形状によって、または吊るしたいアイテムに応じて自由に創作しよう。唯一無二のウッドクラフトを使ってキャンプするのも楽しい。

【トライスティックを作る】

ナイフで木を加工する、よき練習になるトライスティック作りに挑戦してみよう。

日頃からの鍛錬で有事に備えておく

とりわけ用途があるわけではないが、1本の木に様々なノッチ（切れ込み）を入れていくと、さながらトーテムポールのような工芸品ができあがる。キャンプでやることがないとき、雨が降ってしまったときなどに、ナイフワークの訓練としてトライしてみよう。慣れてくるとポットフックハンガーやペグなどを手早く作り上げることができるようになるだろう。

ドヴテイル・ノッチ♂（蟻溝♂）
♀と組み合わせて使う（33ページなど）。先端部を逆さに切り込むため、順手逆刃が有用だ。

ドヴテイル・ノッチ♀（蟻溝♀）
♂と組み合わせて使う。33ページのランタンハンガーで、支柱となっている棒に♀が彫られている。

ラウンドリダクション（丸棒削り）
棒の途中を丸く削り握りやすくする。用途は多くない。

ラッシング・クロス（紐留め）
紐にコブを作って固定できる。決して強くはないが、いろいろと組み合わせられて便利。

ポットフック・ノッチ（自在鉤）
37ページのポットフックハンガーで、高さ調整用に垂直に吊り下げた棒に使っている。

ブロント・エンド（面取り）
39ページのペグのヘッド部分に使われている。

ホール・スルー・スティック（通し穴／角穴）
両面を左右対称に削りとってから、薄くなった中心部を少しずつ割りとるようにして貫通した穴を開ける。

ボウ・ノッチ（弦溝）
実際の用途は多くはない。弓の弦をかけるなど、細い紐をかけるのに使う。

ベベルエッジカット（V字溝切り）
主に紐などを引っかける溝として使う。例えばペグのヘッド付近。

スクエア・リダクション（角棒削り）
コの字の溝と組み合わせてはめ込むこともできるほか、弓切り式火おこしで火切り棒と紐が滑ってしまう場合、このノッチを作ると摩擦抵抗が増してやりやすくなる。

サドル・ノッチ
ほかの木をクロスさせるように置くときに使われる。33ページのランタンハンガーで、Y字の台座に置かれた横木が転がらないように、これが使われている。

ラッチ・ノッチ
狩猟トラップ「フィギュア4」のトリガーなどに使われる。十分機能させるには90度を保ち水平に切り込むことが重要。

Vノッチ

【 ペグを作る 】 自宅に忘れがちなテントやタープのペグ。これも現地調達で作れれば、物忘れも怖くない。

ヘッドの部分をナイフで面取りする。こうすることで、ハンマーで叩いたときの木（ペグ）の強度を高めることができる。

作りたいペグの長さを決めたら、切りたいところにナイフで一周切り込みを入れていく。写真ではペグになるのは上の部分。

②で入れた切り込み部分を折る。この時点でペグになる木の先端部分がとがった状態で切り落とすことができる。

木の先端部分をきれいに成型していく。なるべく先端が木の中心部分になるように心がけながら、鉛筆削りの要領でカットしていく。

ベベルエッジカットでガイラインを通す溝を掘る。ペグのヘッドから内側2センチくらいの位置にナイフの刃をあて、一周分切り込みを入れる。

別のペグにはXの字になるように切れ込みを入れる、ラッシングクロスで紐止めを作った。紐止めはラッチ・ノッチでも代用できる。

【箸を作る】

食事に欠かせない箸づくり。簡単なように思えるかもしれないが、油断すると失敗してしまう。

1 薪を細割りにする。この時、実際に作ろうとする箸の長さにプラスして、制作中に握るための長さを考えて素材をカットしておく。

2 同じ長さのものを2本用意する。箸の長さは自分の手の1.5倍くらいと考えておけば間違いない。長めに作れば菜箸にすることもできる。

3 持ち手の部分は太めに、先端は細めに削っていく。油断せず、慌てず慎重に削っていこう。

4 箸としての形状と表面処理が完了したら、作業用に残していた部分を切り落とすための切れ込みを、ナイフで入れる。

5 ④で入れた切れ込みを利用して、作業用の持ち手を折って落とす。

6 切り落とした部分を整えたらできあがり。持ちやすさ、つかみやすさを確認して、適宜調整しよう。

【 スプーンを作る 】

スプーンを作るには、専用のナイフでくぼみを彫る必要がある。ここで合わせて紹介しよう。

1 スプーンのくびれになる部分に、安全マージンを残して割れ止めとなる切れ込みを入れたら、柄のほうからバトニングで割る。

2 切り落とした箇所をスプーンの持ち手のサイズにまで削っていく。切れ込みに向かって削っていくと失敗しない。

3 スプーン側からハンドル側に向かって削りたいときは、順手逆刃を使うとやりやすいだろう。深く食い込ませて割りとったり、慎重に削ったりと調整しよう。

4 すくう部分の大きさを決めて、ナイフでガイド用の切り込みを入れてくぼみを彫る。スプーンナイフ(くぼみ専用のナイフ)を使うのがもっとも簡単だ。

5 くぼみが彫れたら全体の形を自分好みにナイフで整えていく。実際に口に入れてみて、感触を確かめながらサイズを調整していこう。

6 大きく削り落としたい場所はノコギリをヤスリ代わりに使ってもよい。最後はヤスリで整え、クルミ油などでコーティングすると長持ちする。

【 フライパンの柄を作る 】

ブッシュクラフターによく合う調理器具。持ち手を現地調達すれば、コンパクトに持ち運べる。

1 柄となる枝を用意。好みの長さを決めて、ノコギリで切り落とす。

2 差し込む側にナイフが入り込むくらいの深さまでバトニングで切れ込みを入れる。

3 フライパンの取っ手の差し込み口の直径に合うサイズにナイフで調整していく。

4 ②でバトニングした切れ込みを、クサビが打ち込みやすいように広げておく。

5 柄を固定するためのクサビを用意する。先端を④で作った割れ目に入るように尖らせる。

6 ブッシュクラフト社のたき火フライパンにはネジも付属しているが、自作のクサビのほうが趣がある。

【コードスライダーを作る】

テントのガイラインの長さを調整するための"自在"も自作。作り方はいたってシンプルだ。

1 適当な木材や枝木を用意し、10センチくらいの長さに切る（直径は15ミリ以上あるといい）。使うロープの直径よりわずかに太い穴をマルチツールのリーマーなどで2つあける。

2 穴に紐を通す。このとき穴を紐と並行にすることでスライドし、テンションをかけてはなすことで、穴にフリクションが生まれて固定される。

REAL BUSH CRAFT

ブッシュクラフターのマストアイテム フィンランド生まれの「ククサ」

ククサとはフィンランドで作られた木彫りのカップのこと。手作りしたものを、自分で使うか人にプレゼントするもので、「贈られた人には幸運が訪れる」と言われている。その素材は、本来はシラカバの瘤材やカーリーバーチ等の木目がまっすぐ通っていない材料から作られる。シラカバの瘤材は内部で木目が入り組んでいて、非常に堅い材である。また、美しい木目が発現するのが特徴で、2つとして同じものはない。瘤自体も多くは出現しないので、非常に貴重な材でもある。彫るにも時間のかかるククサだが、キャンプで時間のあるときにチャレンジしてもらいたい。

フィンランドの原住民であるサーミ人は、ククサに細かな装飾を施すなど、芸術的な作品を作っているという。デザインに凝ってみるのも楽しいだろう。

PART 1　道具を使いこなす

ナイフの刃先の種類に応じた砥ぎ方をマスターする

薪割りやフェザースティック作り、クラフトワークにと出番の多いナイフ。
定期的にメンテナンスをして、切れ味をキープしよう。

行動中と帰宅後でかわるメンテナンス方法

メンテナンスは自宅で行いたいものだが、行動中でも切れ味が落ちれば回復させたい。そんなときに簡易的に砥ぎを施して切れ味を回復させることを「タッチアップ」と呼ぶ。そのためには携帯用のコンパクトなシャープナー（砥石）が必要となる。帰宅後には、本格的でより大型のシャープナーでしっかりと砥ぎ直しを行い、表面を十分にきれいに拭いて乾燥させる。さびやすい鋼材の場合、刃物用の防さび油を塗布しておく。しばらく使わない場合は、新聞紙に包んで保管すると、湿気からガードしてくれる。

エッジの種類

同じ砥ぎ方ができる「ストレート系」グループ

ストレートエッジ
最も一般的な部類。
― セカンダリーベベル

ホローグラインド
最も一般的な部類。新品状態では必ずこのような形状。

フラットグラインド
無段階のまっすぐな刃。

スカンジナビアンエッジ
1段のベベルのみで刃先に向かうエッジ。非常に鋭い。

※ベベルをベタづけでも砥げる

コンベックスグラインド
丸みを帯びた曲線でエッジが構成されている。頑丈でクサビ効果も高いため、斧はほぼこのグラインド。ストーンでも砥げるが、ストロップを使うと美しく砥げる。

チゼルグラインド
チゼルとはノミのこと。ゼログラインドとも。ベベル部分をベタづけで砥ぎ、裏面をカエリをとる程度に軽く砥ぐ。和式刃物には古来から多く採用されている。

※いずれも使用に伴いマイクロベベル（一見わからない程度の細いベベル）やセカンダリーベベルが形成されていくのが自然である。

【コンベックスグラインドの研ぎ方】

刃先までが曲線のコンベックスグラインドの、簡単な砥ぎ方。

簡単な方法として、革砥（ストロップ）で行う。適度な硬さの皮革（通常は牛革）を木材などの台座に貼りつけるか、またはそのままベルト状で使う。

適量のコンパウンド（研磨剤）を革に均一に塗布したら、バターを塗るような動作でナイフを滑らせる。このとき、革が自然にたわむことにより、刃先が丸みを帯びる。途中で多少角度がぶれても影響が小さいため、誰でも簡単に鋭いコンベックスを形成できる。より鋭さを重視するならば、なるべく刃を寝かせて、軽い力で滑らせるとよい。その逆を極端に行うと鋭さは犠牲になるが、刃こぼれや刃めくれしにくい頑丈な刃に仕上げることができる。

> **HINT 携帯用ストーンで磨く場合**
>
> 携帯用のコンパクトなストーンで行う場合は、ストーンのほうを曲線的に動かして砥ぐ。曲線を描きながら砥ぐには、砥石を動かして空中で砥ぐほうが向いている。手首を軸にしてドアノブをひねるような動きと、「バイバイ」と手を振るような動きを合わせた動作が行いやすい。

REAL BUSH CRAFT

プロも愛するコンベックスグラインド

実はプロ用のカミソリは、鋭さを重視したコンベックスグラインドになっている。また、薪割り斧も頑丈さを重視したコンベックスだ。コンベックスは非常に人気があり、手持ちの刃物をコンベックスにリファインしてしまう人もいるくらいだ。

【 スカンジナビアンエッジの研ぎ方 】

ベベルが1段のスカンジナビアンエッジの砥ぎ方を紹介する。

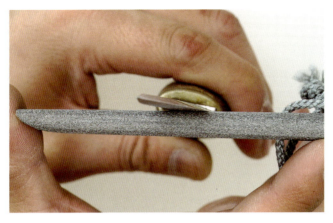

現場で行うタッチアップの場合、ナイフは固定し、ストーンを動かして砥ぐ。動かし方は基本的には自由だが、最後にはスパインからエッジに向かう方向で動かして仕上げるとよい。

スカンジナビアンエッジはベベルからまっすぐ直線で砥がれているため、そのままベタづけで砥ぐ方法がある。ただし、面積が広いため砥ぎが面倒となる場合も多く、実際には微妙にベベルを浮かせて、エッジにマイクロベベルを構成する気持ちで砥ぐとよい。この砥ぎ方で耐久性が上がる。鋭さを追求してマイクロベベルをつけなかったとしても、タフな現場でその恩恵を感じることはあまりないだろう。

REAL BUSH CRAFT

スカンジとコンベックスのいいとこどりもできる

仕上げにストロップを使って、エッジに細いコンベックスを形成してみよう。使用感はスカンジのまま、マイクロベベルにより丈夫なコンベックスになる。考え方は和包丁のハマグリ刃に近い。一度形成できてしまえば、日々のメンテナンスはストロップを数回撫でれば十分。写真でエッジが白く光っている部分がコンベックスのマイクロベベルだ。

【 ストレートエッジの研ぎ方 】

前述の2種以外では、ベベルがついている代表的なエッジ。

コンベックスグラインド、スカンジナビアンエッジ以外のナイフ、例えばフラットグラインドやホ746グラインドなど、ほぼセカンダリーベベルがはっきりとついている。少し大雑把な分類ではあるが、ここを入り口に考えてもらうとシンプルだ。

最初からはっきりしたセカンダリーベベルがついている場合、この角度に合わせて砥ぐ必要がある。そう頻繁に現場でタッチアップや修正が必要になることはないが、もしそのようなシーンに遭遇した場合は、ストーンを持った手の手首を固定し、刃の角度に合わせて水平に円を描くように動かすとよい。仕上げに、刃に対して垂直に刃先に向かって軽く砥ぐ。

REAL BUSH CRAFT

研ぎ方次第で自分好みのエッジにできる

もともとはセカンダリーベベルのついたストレートエッジであったガーバー社のLHRナイフを、コンベックスグラインドに砥ぎなおして使っている。これにより、チョッピングのようなハードな使い方も可能になった。ナイフの構造や特長さえ把握しておけば、エッジのアレンジで自分好みのナイフに仕上げることができる。

PART 1　道具を使いこなす

PART 1　道具を使いこなす

斧、ノコギリ、マルチツール を使いこなす

ナイフ以外の道具にも、様々な種類や使用方法がある。手にした道具を最大限に使いこなせるようになろう。

【 斧の種類 】 斧といえば、薪割り斧を想像する人が多いだろうが、実は斧にも様々な用途やサイズがある。

■ 長さは自分の腕
■ 重さは1kgほどが汎用的

　単に斧といっても様々な種類があり、メーカーによっても、それぞれ特色がある。しかし、ここではあくまで「フィールドに持ち出すため」という目的で選びたい。

　たとえば薪割り専用の斧は大きく重いものも多く、車で運ぶとしても非常に嵩張ってしまう。そこでおすすめしたいのは、全長が自分の腕の長さ未満のミドルサイズの斧だ。

　とはいってもやはり種類も数多ある。今回はスウェーデンの斧専門メーカー、グレンスフォシュブルークの三種を、その主な用途とともに紹介しよう。

ワイルドライフ ハチェット

非常にバランスに優れて振りやすく、薪割りをメインにその他のクラフトや雑務にも使うことができる。ハンマーとしても最適なサイズで、ソロのバックパッキングやキャンプ場で買えるような薪に最適なため、最も多用している斧だ。ペグ打ちにも使える。

柄長：345mm
ヘッド重量：400g
全体重量（シース込み）：676g

スカンジナビアン フォレスト

倒木の枝を叩き切ることがコンセプトのモデル。割るよりも切るほうに特化した斧だが、薪割りにも十分使える。50ページで太い薪を割っている斧もこれ。サイズの割に軽量なため、車での運搬はもちろん、バックパッキングにも何とか対応できる範囲だ。

> 柄長：650mm
> ヘッド重量：850g
> 全体重量（シース込み）：1240g

切り倒した木や倒木から斧で枝打ちをする方法。ゴルフスイングに似た動作で、自分や他人に刃が向かないように、足元の枝をカットする。決して全力では振らないこと。軽い力で振るだけで、おそらく数回のスイングでカットできるはずだ。

アウトドアアックス

少し軽めのヘッドに直線的な柄が特徴。癖がなく、あらゆる用途に使用できる。フェザースティック作りなどの少し特殊な作業にも重宝できるが、その分斧としての振りやすさやパワーに欠ける。

> 柄長：375mm
> ヘッド重量：380g
> 全体重量（シース込み）：543g

PART 1　道具を使いこなす

【斧の使い方】

斧の用途は、なにも薪割りだけではない。同じ斧ひとつでも、あらゆる使用方法がある。

斧の用途を知るほど自分の斧がほしくなる

片手でも振り下ろせるほどの小さな斧をハチェット（手斧）という。これも様々なサイズがあるが、あまりに小さく軽いものは実用性や汎用性に乏しくなる。おすすめは、自分のヒジから手首までの長さで、ヘッド重量が400g前後のものだ。キャンプ場で売っている薪をさらに細かくして焚きつけを作るなど、最も実用的な斧である。

フロストリバー社の「ブッシュクラフトパック」というバックパックには、ハチェットを挿入するためのスリーブが備わっている。バックパックで持ち出すニーズの高さがうかがえる。

オーバーヘッド

最もオーソドックスな使い方。膝を曲げ、腰を落としながら真っすぐに振り下ろす。軌道から大きく外れると、振り下ろした斧が自分の下半身に戻ってきて大ケガにつながる場合もあるので注意しよう。

斧頭の軌道はそのまま薪割り台に向かうようにし、斧が水平に近い状態で薪に突き刺さるのが理想。薪割り台が低すぎるような場合は、膝立になるなど、腰を落とした低いポジションになろう。

アップサイドダウン

斧が刺さった状態のまま反転させ、そのまま振り下ろす方法だ。斧の重さがパワー不足のとき、薪の重量を利用する方法で、安定した薪割り台がなくてもできる。

必ず薪に片手を添えて、「振るのではなく、まっすぐ落とす」イメージ。薪が飛んでしまうこともあるので、周囲に注意して行おう。

キンドルグリップ

1

焚きつけを「キンドリング」と呼ぶ。斧と薪を一緒に持って、割りたい箇所に刃を当てて振り下ろす。この方法には名前がないようなので「キンドルグリップ」とした。

2

刃が薪に刺さったら時計の針と同じような動きでひねるとパカっと薪が割れる。この方法は狙いを外すこともないし、安全性も高い。

メンテナンスをしていれば、ナイフでなくても斧でフェザースティックを作ることができる。ヘッドを持ち、薄さを保ちながら削いでいく。

斧の刃を上に向ければ、背をハンマーとして代用できる。ペグを打ち込むなど、意外にも斧は多様性が高い。ハードに使える耐久性も魅力だ。

REAL BUSH CRAFT

樹木を守る枝打ちの極意

「生きた樹木から枝を切る」という行為だが、安易にしてしまうと木を病気にしてしまう場合があるので注意が必要だ。たとえば写真のようにカルス（木のカサブタみたいなもの）形成を促すプロの切り方は図のようになる。裂け止めに①の切り込み、次に②の切り込みで枝を落とし、最後にカルス形成を促すため、襟と呼ばれる少し出っ張った部分（シワのあるあたり）を残して切断する。

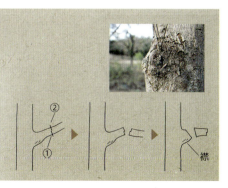

【 ノコギリの種類 】

ノコギリには大きく分けて洋式と和式があり、それぞれに切り方や向き不向きがある。ここで覚えておこう。

「引き切り」の和式と「押し切り」の洋式

和式は「引き切り」となっていて、刃先はハンドル側に傾いている。引く方向に力を入れるため、刃がたわみにくい。薄くて細く、抵抗が少ないため切りやすくなっている。折りたたみタイプなどのように、コンパクトにすることに向いている。

洋式は「押し切り」が主となっていて、刃先は前方向き、刃は厚く幅広だ。ただ次ページで紹介するバックソーのように、刃先に向きがなく、押しても引いても切れるタイプの弓ノコもある。

ちなみに現在では、世界的に和式の引き切りにも注目が集まっていて、欧米メーカーでもそのラインナップが当たり前になってきているようだ。

ボウソー

西洋式の伐採用の弓ノコ。刃は押しても引いても切れる無指向性がほとんど。大きなものになると両側にハンドルがついていて、2人がかりで使うこともできる。

バックソー

長い歴史のある伐採用のノコギリで、主にH型をしており、木製で折り畳み収納が可能。「Buck」は「Bucking（玉切り）」に由来し、太く長い丸太を適切な長さにカットするためのノコギリだ。両側から2人がかりで使うこともできる。

折り畳みノコギリ（シルキーフォックス）

世界的に評価の高い日本製・和式の引きノコ。著者が最も多用し、写真の刃は先端が折れている。カーブ刃につけ替えているため、ハンドル色の刃の組み合わせが既製品と異なる。

【 バックソーを自作する 】

ノコギリがなくても、刃と枝、それからロープを使ってバックソー（弓ノコ）を作ることができる。

ブッシュクラフター御用達 伐採向きの木製弓ノコ

H型のフレームの片側には弓鋸の刃を、反対側には紐を輪にして張る。紐をねじってテンションをかけていくことで、全体がきつく固定されてノコギリとして機能する。既製品もあるが、ほとんどが金属製の弓ノコになっていて、このような伝統的な木製のものは非常に少なくなっている。

横木の両端にドヴテイル・ノッチ♂を作り、♀（→P38）と組み合わせて完成させればより丈夫に作ることができる。今回は単にくぼみにはめ込む方法で作ったが、菱形にグラつきやすくなるので注意。

バックソーを作るためのパーツを並べた状態。結合部がかみ合うように形状を整えよう。

紐をねじってテンションをかけていくと、縮もうとする紐の力は横木を支点に刃を外側に引っ張る力に変換される。

紐をかける部分にはベベルエッジ・カット（→P38）を施す。

バトニング（→P35）で刃を通す切れ込みを入れ、通した刃の穴に小枝などを通してストッパーに。

【 マルチツールの種類 】

様々な機能が一つになった便利アイテム。メリットや、どう生かすかなどを理解する必要がある。

利点や欠点を把握し どれをどう使うのかを考える

十徳ナイフ、ツールナイフ、アーミーナイフとも呼ばれるマルチツールは、いくつもの機能が付いたおなじみのアイテムだ。しかし、様々な機能が一つになるということは、すなわち何をやらせても中途半端というい欠点も併せ持っている。そのことを理解した上で、それぞれのメリットをどう生かすのか、どんな種類のものを選び、何のために装備するのかを考えたい。

有名なブランドとして、スイスの「ビクトリノックス」と、アメリカの「レザーマン」がある。ここでは、その2社に絞って紹介しよう。

レザーマン

一つ一つのツールが本格的かつタフであり、より実用性が高い。ハンドルを180度展開すると現れるプライヤー（ペンチ）が大きな特徴。ハンドルの両側に各種ツールが収納されており、プライヤー収納時は外側にアウトドア向きの大きなブレード（ナイフやノコギリなど）が装備され、プライヤー展開時には、ドライバーなどの工具が展開できる。モデルによってはナイフブレードに鋼材が明記されるなど、「本物」へのこだわりが感じられるメーカーである。

ビクトリノックス

スイス陸軍に採用されたことから有名になったもので、おそらく誰しもが一度は目にしたことがあるはずだ。バリエーションが豊富で幅広く、ブランド力と選ぶ楽しさがある。シンプルなので機能を把握しやすく、ちょっとした作業に向いている。展開することのないハンドルに各種ツールが全て内蔵されている。シンプルで、どのツールがどこに内蔵されているかも把握しやすい。

【 マルチツール活用法 】

マルチツールは必需品ではないが、ブッシュクラフトとしては様々な活用法がある。

木材や動物の骨などに、穴をあけたいときに重宝するのがリーマーだ。また、樹液の採取などにも使うことができる。

ヤスリは、道具などのクラフトを仕上げるときや、長期間のキャンプの後などに爪の手入れをするときにも役立つ。

ノコギリはそこまで実用性は高くはない。しかし、背の角は、メタルマッチのストライカーとして非常に秀逸である。

細かい作業などのちょっとしたことに役立つのが小さなナイフだ。不必要に大きなナイフを人目にさらしたくないときにも有用だ。

プライヤーは、特に使用頻度が高いだろう。熱をもったクッカーはもちろん、燃えさしの薪も少々強引につかむことができる。

HINT 海外旅行などでは備えあれば憂いなし

全てのツールが中途半端な機能であるため、キャンプではそれほど出番はないかもしれない。重宝するシーンとしては、海外旅行や長旅だ。仕事で猛暑の中国大陸に滞在中、現地のエアコンが故障していたことがある。その時、マルチツールと自らの勘だけを頼りに修理し事なきを得た。ただし、飛行機に搭乗する際は、刃物類は預け入れの荷物に入れておくこと。

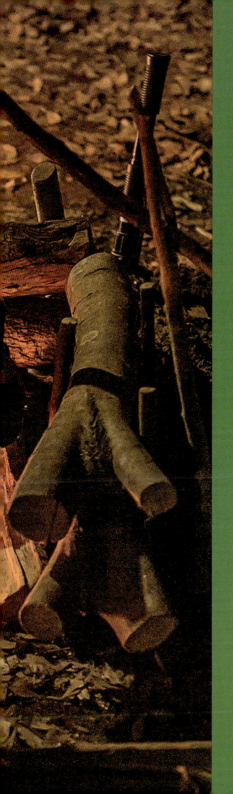

PART 2

焚き火を あやつる

薪を集めて、ライターやマッチを
使わずに発火。
焚き火を育て、焚き火を囲んで、
じっくり眺める。
ただそれだけで、病みつきになる。
ここでは、焚き火を
自由にあやつる技術から、活用法、
そして大事な後片付けについて
解説していく。

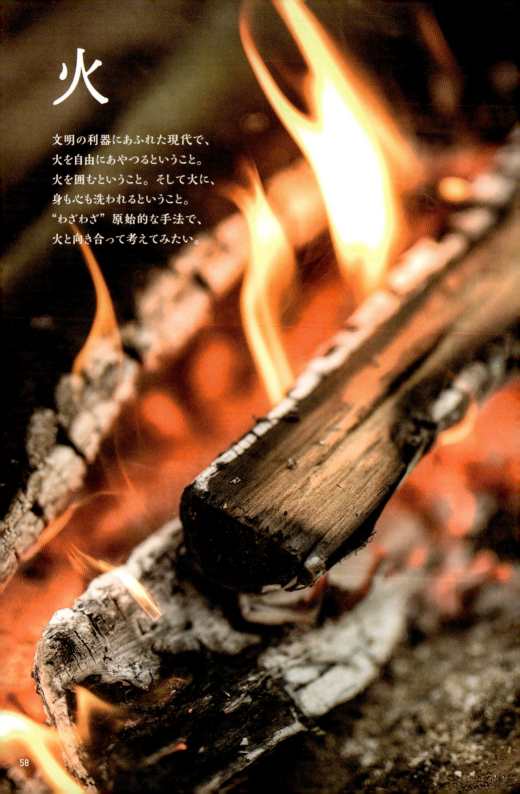

火

文明の利器にあふれた現代で、
火を自由にあやつるということ。
火を囲むということ。そして火に、
身も心も洗われるということ。
"わざわざ"原始的な手法で、
火と向き合って考えてみたい。

歴史と進化にまつわる人類と火の深い関わり

「火をあやつる」ということは、人類が生活していくうえでもっとも重要であり、かつ基本的なスキルだ。そして火をあやつれるかどうかは、人間と動物の大きな違いとしても挙げられる。

火があることで、人類の生活は太古から大きく変わってきた。夜は灯りや、害虫や獣よけにもなった。食料を加熱処理できるようになると、動物性たんぱく質の摂取が簡単になって栄養価が上がった。それが脳の成長に大きく貢献し、人間の進化のスピードが飛躍的に早まったとも言われている。また、植物を加熱することにより、食料の幅も大きく広がった。

そしていつしか、土器や銅器を加熱し、製錬できるようになった。金属が精製できると、石器よりもはるかに高度な刃物を作ることができるようになった。すると木工やレザークラフトが簡単にできるようになり、より便利な道具を作りあげたり、より近代的な建築ができるようになっていった。つまり人類は、火をあやつることが出来なければ石器時代から抜け出せなかったのだ。

大切な「火」を自由にあやつるということ

火は、私たちの身の回りにあるすべての加工品の創造に必要な、エネルギー源のひとつだ。火がなければ、調理はもちろん、鉄も石油もゴムもプラスチックも作れず、発電することも、飲み水からバクテリアを除去することだってできない。

そんな大切な「火」を、現在の多くの人は自由にあやつることができない。文明に頼らなければ生きることさえできないという点では、古代人より退化していると言えるのではないだろうか。

ブッシュクラフトにおいてもっとも重要な基本スキルは、自然界において火を点け、それをあやつれること。そしてこの基本中の基本こそが、もっとも奥が深く、状況によってはもっとも難しい。

HINT こんなにも深い、人と火のつながり

紀元前3200年に死亡したと推定されている有名なミイラ「アイスマン」。なんと彼の装備には、現代のブッシュクラフトでもおなじみの火口「ツリガネダケ」や「火打石」、皮革製やシラカバ樹皮で作った収納袋が含まれていたという。さらに驚きなのは、純度99.7%の銅の刃がついた斧まで持っていた。ナイフや矢じりこそ石器ではあったものの、その当時、少なくともアイスマンの文明では火を自由にあやつり、銅を製錬して金属製の刃物を作っていたのだ。今、私たちがレクリエーションとして行っているブッシュクラフトは、紀元前3200年に彼がやっていたことの一端と考えると、ロマンを感じるのは私だけではないはずだ。

PART 2　焚き火をあやつる

ブッシュクラフト的
様々な着火法

火おこしはキャンプやBBQで必須のスキル。便利な着火方法は数多あるが、より原始的な方法を身につけておきたい。

着火法にこだわらないバックアップ用の装備

　ブッシュクラフターは必ず着火道具のバックアップは持っているものだ。ライターやマッチは濡れてしまっては役立たないものだが、備えとして持っておくべき種類について紹介しておく。

　ライターには大きく分けてガス式とオイル式がある。歴史を感じるのはオイル式だが、信頼性では使い捨てのガス式で、回転式のヤスリを備えた火花が出るライターがいい。手袋のままで扱えて耐風性もある軽量なバーナーライターも実用性が高い。

　対するマッチの歴史は数百年におよぶ。明治から昭和にかけては家庭での必需品となり、日本の一大輸出産業にもなった。しかし、今ではマッチの擦り方すら知らない若者もいるとか。ブッシュクラフターとしては、ライターよりもマッチのほうを推しておきたい。軽量で残量も把握しやすいので、思いのほか実用的なのだ。

ガス式ライター
ボタンを押すタイプより、ヤスリを備えた回転式のほうが高山などでの信頼度が高い。軽くて残量が見やすく燃料の自然揮発もない。

バーナーライター
120円前後と安価でコンビニでも購入可能。風に強く火力も十分。しかし信頼性には個体差があるため、調子のいいものを選び現場に持ち出そう。

セーフティーマッチ
箱の側面の「側薬」と、マッチ先端の「頭薬」を擦り合せることで発火する安全マッチ。これが現在流通しているどこにでもある一般的なマッチだ。

【 マッチの正しい擦り方 】

マッチにも適切な扱い方がある。火傷を負わないよう、子どもにも正しく伝えよう。

 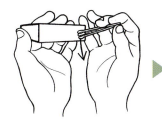 

親指、人差し指、中指の3本で図のようにしっかりと持ち、人差し指で力を伝えるようにする。

図のように点火すれば、少ない力と動作で着火し風よけもしやすい。マッチが折れると火が自分に向かって飛んでくることがあるので注意。

点火したら、下45度くらいに傾けると火が大きくなりやすい。風があるときは両手の平で囲むように守る。

【 マッチの防水法 】

濡れてしまっては役に立たないマッチも、事前に防水加工することが可能だ。

雨が降っても困らない「どこでもマッチ」

マッチの側面にある側薬は水溶性だが、乾かすことで復活する。この原理を応用し、側薬にわざと水を塗って溶かしてペースト状にし、それを頭薬に塗りつけて乾燥させることで、即席の「どこでもマッチ」を作ることもできる。また、頭薬は水に濡れると塩素酸カリウムが流れ出てしまい、発火しなくなる場合がある。そのため、頭薬をロウなどでコーティングした防水マッチが発明されたが、これは自作可能だ。

とはいえ、最も安全なのはマッチ箱のままジッパーつきビニール袋に入れて防水することだったりする。

ロウソクを小さな鍋に入れる。その後鍋は使えなくなってしまうので空き缶などで行うといい。

大きめの鍋などに、空き缶の高さより低くなるよう水を入れ、湯煎でロウを溶かす。

マッチの頭薬が浸るように、溶けたロウにマッチをくぐらせる。これで防水加工完了だ。

【 メタルマッチの使い方 】

メタルマッチを使いこなせれば、ライターやマッチなしで着火することができる。

まず覚えておきたい 広く知られた火おこしスキル

サバイバルやブッシュクラフトという分野が、アウトドアで注目を集めるようになるのと同時に広まったのがメタルマッチだろう。代表的なものに、フェロセリウム（鉄とセリウムの合金）を使った棒状（ロッド）のものがある。これは、固い金属（ストライカー）の角などで素早く力強く擦ることで、高温の火花が発生する。

他に、マグネシウム合金を利用したものがある。マグネシウムの塊を細かく削り落とし、火花を当てる。それによって高温で燃焼したマグネシウムを火種とするタイプだ。

あらかじめダスト（→P36）を作っておく。マグネシウムのタイプであれば、ダストにマグネシウムを削り落とす。

ストライカーで素早く力強くロッドを擦り、火花をダストに当てる。

1回ではなかなか火はつかない。数回連続で行う。慣れてくれば一発着火も可能だ。

事前にマグネシウムを大量に削っておいて、そこに火花を飛ばすことで大量かつ長時間燃焼を続ける炎を発生させて着火させる方法もある。

【 メタルマッチの種類 】

それぞれのメーカーによってコンセプトが異なるメタルマッチ。自分に合ったものを選びたい。

ベア・グリルス（ガーバー社）
ハンドル内にコットンが火口として仕込まれているため、初心者向け。

マグネシウムファイヤースターティングツール(不明)
黒い部分をストライカーで擦り火花をおこすタイプ。マグネシウムの粉は黒い部分とは反対側から削り出す。

ファイヤースチールスカウト 2.0（ライトマイファイヤー社）
ライトマイファイヤー社はこのツールの先駆者であり最も有名。1つは持っておいて損はない。

ファイヤースターター(不明)
金属ノコギリの刃をストライカーに代用したノーブランドの製品。その他のフェロセリウムロッドと使い方は同じ。

ファイヤーメーカー（ブッシュクラフト社）
長大なロッドにより、長いストロークで確実な着火が可能。対象が紙類でも火おこしが可能だ。

オリジナルファイヤースチール2.0（ブッシュクラフト社）
同サイズのメタルマッチのなかでは最大級の火花を出せるタイプ。紐が火口にもなる。

【打撃式発火法】

江戸処世句に「角とれて　打つ人もなし　火打石」というものがある。古来の発火法を、現代で活用してみよう。

「火打石」と「火打金」を叩き合わせて発火する

　打撃式発火法といえば「火打石」と「火打金」という組み合わせが一般的だ。

　通常、高炭素鋼（鉄と炭素の合金である鋼）の板と、メノウや黒曜石のような固い石を、かするように叩き合わせて火花を出す。火花は鉄のほうから出ており、固い石の鋭利な角で瞬間的に削られることで火花になっている。鉄も石もすり減っていくもので、特に石は角がなくなると火花が出なくなってくる。そのような場合は、石を砕いて角を作って使う。

火打石とチャークロス（→ P66）を重ねて持ち、火打石の同じ箇所を火打金で一定の速度で打つ。

火打石の熱が火口に移ってきたら、麻などの燃えやすいものと重ねて息を吹きかけて火を育てる。

【摩擦式発火法】

火おこしと聞いてこれを思い浮かべる人は多いだろう。が、なかにも様々な方法があることをご存じだろうか。

コツをつかめば楽に火をおこせる方法

摩擦式は、コツ、体力、材料次第の発火法だ。特に材料は、事前準備が重要となる。

多く使われるのは「マイギリ式」か「弓切り式」だ。しかし前者は、現地で調達して行えるものではない。より自力に近いのは、素手で棒をドリルのように動かす「キリモミ式」だが、これはコツが必要なため、既製品から試してみることをおすすめする。また、もっとも古い摩擦式発火法と言われている「ヒミゾ式」や、朽ちた竹を使う「ノコギリ式」というのもある。

ここでは、だれでも気軽に現地調達で挑戦できる火おこし術について紹介しよう。

キリモミ式

長さ1メートル前後、直径1センチのまっすぐな棒（火きり棒）と、その受けとなる火きり板、火種を乗せる大き目の葉っぱ、火口となるものを採取する。乾燥したものを見つけること。

❶火きり板はナイフ先端でくぼみを作り、30度ほどの切れ込みを作って下に大き目の乾いた葉っぱを敷く。❷火きり棒を、火きり板のくぼみにセットし、棒のなるべく上のほうから体重をかけてキリモミをする。❸棒をくぼみから外さないようにキリモミを繰り返す。❹煙が出てくるが、火種が落ちてタバコの火くらいのサイズになって安定するまで続ける。❺火種を受けた葉っぱごと持ちあげ、十分な量の火口の中心に火種だけを移し、軽く圧迫するように包み込み、火口と火種をしっかり密着させて、酸素を送りこんで熱を上昇させて発火を促す。

弓切り式（ボウドリル）

丈夫で乾燥した木の棒と板（火きり棒、火きり板、ハンドピースを作る）と少しだけ弓なりになった木の棒か竹（弓を作る）、それから丈夫な紐（弓の弦となる紐）、火種受けの乾燥した葉っぱと火口（前述のキリモミ式に同じ）を用意する。

❶乾燥した木の枝（直径2センチ長さ30センチほど）の両端をノコギリで真横に切り、下端を直径1センチほど細くしたら、ハンドピースを作る。❷火きり板に深めの穴を掘り、V字に切込む。❸弓（弓なりの木の枝）に紐を張る。❹紐を❶に1、2周し、❷を足で固定して前後運動を始める。見つけ方は前述のキリモミ式の通り。太さは直径2センチ前後が理想で、それより大いものをナイフで加工してもよい。長さは30センチほど。両端はノコギリでまっすぐ真横へと断ち切る。

ノコギリ式

主に割った竹で行われる発火法。竹やぶで枯れて乾燥した太めの竹を拾ってくるだけ。直径は10センチほどあるとよい。

❶乾燥した太めの竹を用意し、縦半分に割る。片方は火きり棒、片方は火きり板の役割を担う。❷片方にナイフで小さな穴（ここから火種が落ちる）を開けて横方向に溝（レール）を掘る。❸もう片方の竹は割った部分を刃のようにナイフで削る。❹削った部分を溝にあてがい、往復させて摩擦を発生させる。小さく開けた穴から下に火種が落ちる仕組みなので、ここにあらかじめ火口をセットしておく。火種が火口に十分落ちた後は、その他の摩擦式発火法と同じ手順で発火させる。

小さく開けた穴に火口をセットする

【 チャークロスの作り方 】

火種から熱をもらい、炎を出すための素材。樹皮や紙類、植物や動物の巣などから手作りできる。

赤熱させて火口(ほくち/ティンダー)で包み込み発火できる布

　チャークロスとは、綿100%の布を炭化させたもの。ライターやマッチがない時代、火種として使われていたもので、火打石などの弱い火花から写真のような赤熱状態を作り出せる。これを燃えやすい火口で包み込み、空気を送って温度を上げていくと発火できる。既製品もあるが、生地と空き缶があれば焚き火で簡単に自作することができる。今回はブッシュクラフト社の「チャークロス自作キット」を使用した。同社既製品のチャークロスを自作できるものだ。チャークロスは火打石を使った着火では必需品と言える。

チャークロス、チャーロープ、チャーティッシュ、いずれも布・紐・ティッシュなどの素材があれば作れる。

それほどの文明がなかった時代は、59ページでも紹介したツリガネタケなどを使っていた。朽ちたシラカバにしか自生せず、今も昔も基本は自分で採集・自作するしかないため、シラカバが群生しない地域では珍重されているアイテムだ。加工したものをアマドゥ（Amadou）と呼び、向かって右が原体、左が火口になるよう加工したアマドゥである。

ほかに、チャーガ（カバノアナタケ）というキノコもある。これは主にシラカバの木に寄生するもの。未加工で打撃式発火法の火口になるものだが、着火は非常に難しい。現在では健康効果があるとして、発見困難な貴重なキノコ「森のダイヤモンド」や「幻のキノコ」と呼ばれているらしい。

PART 2 焚き火をあやつる

缶の中にはキャンバス地が入っている。自作する場合もこのくらいの密度がいい。隙間は多すぎても少なすぎても失敗の原因になる。

①を焚き火にかける。次第に缶のすき間から生地が炭化する際に出る煙がモクモクと出てくるが、これは布から発生するガス。本来はこのガスが燃えることできっちり炎が上がって燃焼し、最後には「炭」も残らず「灰」になる。しかし、酸欠状態にしているため、中の素材が燃焼することはない。

火力が十分な場合、缶から出ていたガス（煙）に引火する。このガスは布から発生しているもので、缶に入っていなければ布自体が燃えることになる。

次第にガスがおさまると、引火していた炎もなくなり、うっすらと煙が出ている程度になる。およそこの状態までになれば完成なので、焚き火から外して完全に冷ましたら完成だ。焼きすぎるとカラカラになり、チャークロスとして機能しにくくなるので注意。

HINT アルコールストーブでもできる

今回の規模ならアルコールやガスストーブで行うこともできる。むしろ「チャークロスを作りたいだけ」ならこちらのほうが理に適った方法だ。段取りや工程は上記と全く同じなので、ぜひ気軽に挑戦してみてほしい。家庭用の備えつけガスコンロでは、熱を感知するセンサーがついていると高温すぎて火が止まってしまうので注意しよう。

【 火口を見つける 】 火種から熱をもらって炎を出すための素材、それが火口だ。これにはいくつかの種類がある。

火種から火口へ 焚き火を育てていく

66ページのチャークロスなどが赤熱したもの、これが火種になる。メタルマッチほどの高温で強力な火花や燃焼を発する場合は、その火花自体も火種になる。火をおこして焚き火に育てるために、火種から火口へ、次に焚きつけへと順に移す必要がある。火種が強力であれば容易に着火できるが、火口が燃焼しやすいものであればなおさら容易だ。燃えやすい火口には様々な種類があるが、ここでは自然環境で手に入れやすいものを紹介する。

主な火口の例	メタルマッチでの着火	赤熱した火種で着火
シラカバ	○	
杉の樹皮	○	○
ススキの穂	○	○
竹のダスト	○	
ゼンマイの綿毛	○	○
麻繊維	○	○

シラカバ樹皮
高原地帯を含む寒冷地に多く分布する。樹皮表面の柔らかい部分をむしり取り、そのまま着火する。

スギの樹皮
しなやかで簡単に剥がれる薄い樹皮を拝借する。これを揉んで繊維質にして着火する。

ススキの穂
河原や野原などを中心に全国に広く生息していて、高木のない開けた場所を好んで群生している。

竹のダスト
36ページで紹介したダストの作り方で、乾燥した竹を使って作る。竹を割ってできた角をダスト化する。

ゼンマイの綿毛
関東でも採れる山菜として人気のゼンマイ。その綿毛をチャークロス作りと同様に炭化させたもの。炭化させない場合、火打石では着火しにくい。

麻の繊維
一般的に最も入手しやすいナチュラルな火口。いわゆる「麻ひも（麻縄）」に使われている素材だ。

HINT その他の火口

ごく身近な紙類も当然火口になる。アウトドアでの緊急時は、いざとなったら何かのパッケージや地形図の不要な部分やメモ用紙などにメタルマッチで着火できることを覚えておこう。使い捨てコットンやティッシュなどももちろん火口になる。コピー用紙などは、軽くまるめるようにしわくちゃにして立体感を出し、強い火花を出すことで着火が可能だ。このほか、タケノコの皮や細い枯れ草などでも着火が可能。いずれにおいても十分に乾燥していることが条件だ。

【 シラカバの樹皮に着火する 】

樹皮をナイフで毛羽立たせれば、シラカバは十分な火口になる。

樹皮表面の柔らかい部分（剥がれかけのひらひらした薄皮）だけをむしり取って使う。

薄皮をナイフで毛羽立たせたら、メタルマッチで容易に着火できる。

【 スギの樹皮に着火する 】

日本ではどこででも見つけられるスギ。最も手頃な火口とも言える。

簡単に剥がれる薄い樹皮をひとつかみほど採取する。

樹皮を両手ではさむように持ってこするように揉み、繊維質を出す。手汗などで湿らせないように注意。

繊維状になったら、中に膨らみをつくるように少し広げる。

③をメタルマッチで着火する。

【 焚きつけの種類 】

火口の炎を、大きな焚き火に育てていく段階に必要な焚きつけ。枝や落ち葉など、現地にあるものを使用できる。

入手しやすい条件と焚きつけに向いているもの

　焚きつけには、スギ、ヒノキ、マツなどの針葉樹のような軽くて燃えやすい樹種が向いている。定番なのは、小枝や落ち葉だ。マツの葉や松ぼっくり、スギの葉もよく燃えるし、入手しやすい。いずれにしても、乾燥しているものを探す必要がある。量としては、目的の大きさの炎が2回作れるくらいがいい。

　寒い季節は空気が乾燥しているため、枯れ枝や枯草などの焚きつけは比較的見つけやすいが、暖かい季節は多湿なので難しくなる。入手しやすいのは、南斜面や開けた場所など、太陽がよくあたる場所だ。

小枝①
まずは細めの枝を探す。木々に引っかかって宙に浮いている枯れ枝か、落ちていても地面に直接触れていない部分が、湿気がなく好ましい。

小枝②
次に小指くらいの枝を用意する。音を立ててすぐに折れれば乾燥している。中がスカスカの枝は腐っているので焚きつけには向かない。

松ぼっくり
松ぼっくりも意外とよく燃える。これはどの焚きつけにも言えることだが、なるべく乾燥したものを選ぶといい。

フェザースティック
焚きつけとなるものがどうしても見つからない場合は、太めの薪になる材料をフェザースティック（→ P36）にして使おう。

【薪を探す】

丸太があればこの上ないが、それを自然のなかで探すのは難しい。太めの枝や、流木・倒木を加工したものを、薪として活用しよう。

倒木や流木から適切な薪を集める

キャンプ場で購入できる薪は大きさが均一化されていて扱いやすいが、針葉樹の端材のような薪だと長持ちせずに効率がよくないこともある。そもそも周辺を探せば入手できるものにお金をかけるのももったいない。斧やノコギリがあれば現地で調達できるので、その土地で得られる薪で焚き火を楽しもう。薪になるものは、前述の焚きつけと同じ考え方で、なかでも太めの枝で、なるべく乾燥しているものを探すことを優先するといい。

長く燃えるナラ・カシ・クヌギなどの重く堅い薪は、薪ストーブや焚き火の理想的な燃料になる。こうした樹種の見極めも、焚き火にはとても重要だ。樹種が不明でも経験を積めば、乾燥具合と重さ、叩いたときの音などが目安になる。

> **HINT 雨や雪の影響で材が湿っていたら**
>
> 普段は乾いている材が、雨や雪によって湿っている場合もある。そのような場合、小枝は焚きつけにしづらい。ナイフや斧を使って太めの薪の内側の乾燥した部分を露出させ、フェザースティックを作りだして焚きつけにしよう。このとき、焚き火の周囲にほかの薪を並べ立てて、なるべく乾燥させておくことも忘れないように。

流木。これは枝がたくさんあるから節が多く割りにくい。そのまま焚き火に入れて長く燃える薪になる。

樹種は未確認だが堅木ではあり、伐採されていたもの。割らずに燃やすことで長く燃える。

PART 2 焚き火をあやつる

杉の玉切りは、間伐跡で稀に大量に放置されていることがある。割るのも比較的簡単なので、どのサイズで使うか自由度が高い。比重が軽く着火性はよいが、長くは燃えないため、なるべく持続させたければ半割〜4等分くらいで使う。

これも伐採されていたもので、比較的堅い部類。ノコギリで短く切断し、バトニングで割って焚きつけにする。

REAL BUSH CRAFT

流木・倒木から薪を作る

大きくて運べそうもない倒木や流木から薪を作る場合、採取のために斧かノコギリが必要になるだろう。流木の場合は、樹皮がすっかりなくなって表面も滑らかに削られて乾燥しているもの、常に水にさらされていないものを選ぶといい。倒木の場合は太さにもよるが、比較的乾燥しているため幹より枝のほうが有用である場合が多い。

PART 2　焚き火をあやつる

安全かつ効果的な焚き火の楽しみ方

焚きつけや薪が用意できたらいよいよ焚き火の準備にかかろう。
ここでは直火で焚き火を行う方法を紹介する。

適切なサイズで効率のいい火床(ファイヤーピット)を作る

　直火で焚き火を行う場合、土を掘って火床を作る。焚き火台を使う場合は、火床は不要だ。火床の大きさは任意ではあるが、必要最小限の大きさにすること。焚き火は大きくすればするほど燃費が悪くなるし、危険も伴うからだ。調理と暖をとるのに必要なサイズは、40×20センチ〜 50×30センチほどの横長の長方形。スコップなどで深さ10 〜 20センチくらい（薪のサイズや目的による）掘る。掘ったときに出る土は近くに盛っておくこと。これは82ページで紹介する後始末のときに再度使う。無闇にフィールドを荒らさないように、安全に焚き火を楽しもう。

火床を作る場合、大きめのナイフを使って土を掘ることもできる。

地面が土や砂の場所で焚き火を行う場合

まずは周囲の燃えやすいものをどかして十分な広さをとり、安全を確保したら穴を掘ろう。砂地などのふかふかの地面なら、掘った土は近くの邪魔にならない場所に置く。硬めの地面や、雑草やコケが生えている場合は、地面ごとそれらを「めくり取る」ようにして掘ることもできる。ぎっしり生えているような場合にはあえて大きめにめくりとり、火は小さめにすることで周囲の植物を焼いてしまうことを防げる。

また、火床になにか生物がいた場合は、別の場所にどかしてあげ、後述する後片付けはしっかり行うことがなにより重要だ。

ガレ（石ころだらけ）場で焚き火を行う場合

ガレ場とは、たとえば河原などを指す。砂利などの細かくてゆるい地面は、土のように掘ることも可能だが少し穴が崩れやすい。ゴロゴロした石ばかりの場合は、ほとんどの人はそのままの地面にかまどを作ってしまうが、片付ける際にかまどの痕跡を残さないのは難しくなるし、かといって掘るのも難しい。そこで、石をどかしてくぼみを作って後で戻すか、石ころを裏返しにして使おう。岩の上で行う場合は、岩が割れてしまう可能性があるため小さな焚き火にとどめ、使用後に水で流す。裏が平面なら裏返しにして使用し、後で元に戻しておこう。

【 薪の組み方❶ 】

一般的に知られているのは合掌型や井桁型などだが、ここではより実用性の高い手法に絞って紹介しよう。

平行型

①太目の薪を2本と、焚きつけを準備する。②火床の火口に点火し、すばやく焚きつけに引火させる。最初から火口と焚きつけを組んでおいて点火してもよい。③火が育ったら、薪2本で焚きつけを挟み込む（焚きつけを投入できるほどの距離を保つ）。④徐々に炎上してくる。

特長
・焚き火台でも直火でも可能。
・火のサイズ調整や消火がしやすく汎用性が高い。

ネイティブ アメリカン型

①中心に半球状の穴（焚き火によってサイズは調整）を掘る。②上記「平行型」②までの要領で、穴の中で焚きつけを燃やす。③十分な火力を保つようになったら、穴の中心に先端が集まるように、放射状に薪を並べる。④薪の中心部分が燃え始めるまで、焚きつけを投入する。

特長
・枝の先端だけが燃えていくので、薪を再利用しやすい。
・火力調整がしやすく、焚き火の痕跡を残しにくい。

【薪の組み方❷】

ここでは焚き火の熱で効果的に暖をとる、オリジナルの組み方を紹介する。

地下型

火床に傾斜をつけて自分の体のほうに熱が放射される方法。火床をV字に掘り、自分と向かい合う側の傾斜に縦向きに並行型の焚き火を行う。角度が急すぎると熾が底に落ちてしまう。30度くらいの傾斜が間違いなく安定する。

地上型

手前から掘り出した土で向かい側に傾斜した土台を作る。手前の穴は調理用。向かい側の傾斜は暖をとるためのストーブとして使う。地上で行う焚き火が風に吹かれないよう、両サイドに十分な高さのファイヤーリフレクターを設置しよう。

REAL BUSH CRAFT

火を隠す焚き火 ダコタファイヤーピット

ダコタとは、北アメリカ中西部(現在のノースダコタ州やサウスダコタ州周辺)にいた、ネイティブアメリカンのダコタ族のことだ。そのダコタ族が白人の追跡から逃れるために、実際に使用していた焚き火が、ダコタファイヤーピットだ。

これは穴を掘って焚き火をする方法で、薪の配置による火力調整には向かないが、常に高温を保てるし、火力も高い。燃焼効率がよく、煙の少ない焚き火ができる。大きな薪を長時間じんわり燃やすというよりも、必要に応じて小割や小枝を投入して火力を調整するほうが合理的だ。作成も簡単で、まずは地面に直径、深さともに30センチくらいの穴(火床)を掘る。その穴からさらに30センチほど離れた風上に、今度は15センチほどの穴(吸気穴)を掘ったら、この二つの穴の底と底とをトンネルのように掘って繋ぎ、大きいほうの穴に薪を入れる。後は焚き火をするだけだ。穴が深いため、土などを埋めるだけで簡単に消火できるというのも大きな特徴だ。

【 焚き火を育てる 】

薪や炭を自在にあやつり、じっくり焚き火を育てる。自分で育てた焚き火を囲んでいる時間は、充実するものだ。

基本的に、薪は1本では燃え続けることができない。2本以上となり、相方がいることで初めて順調に燃えてくれる。火力は、この相方との距離によって簡単に調整することができる。大きく燃えたり、炭のように赤く燃える調理向きの状態になったり、または鎮火したりするのだ。

1 赤熱して安定してきた状態

薪と薪の距離は、離れすぎても、近すぎても焚き火は育たない。炭になり赤く燃えている状態の薪を、熾火という。

2 熾火がたまってきた状態

火床にたまった熾火の量が十分であれば、火力の調整は容易になってくる。必要に応じて、大きな炎も上げられる。

3 暖をとりながら調理のできる状態に

五徳があれば、そのまま調理に移ることもできる。ファイヤーリフレクターの効果で十分な暖をとることも可能だ。

【 ファイヤーリフレクターを作る 】

熱効率を上げ風の侵入を防ぐ

ファイヤーリフレクター（熱反射壁）があれば、焚き火の熱を反射して、炎の力を無駄なく取りこむことができるだけでなく、風の吹き込みも防止できる。

石を積む方法もあるが、木材を使ってやる場合、まっすぐな木の枝ばかりが集まることはまれだ。なるべくすき間を開けないように上手く組み合わせよう。また、表面

丸太や木の枝などを集めれば、熱を反射する壁も自作することができる。

を凸凹させないことも大切である。難しければ、親指くらいの細めの枝を束にして利用するといいだろう。

簡易的な方法として、まず同じ長さの2本の木を45度くらいの角度で焚き火の向かい側に打ちつける。

①で打ちつけた木の下段に大きめの薪をストッパーにしておき、その上に薪を積んでいく。

簡易的ではあるが、これがファイヤーリフレクターの役割となる。湿った薪を乾燥させる手段としても有効だ。

REAL BUSH CRAFT

紐を使ってなるべくすき間をなくす

紐であらかじめ丸太や木の枝（ログ）を写真のようにくくりつけておくと、現地で素早くファイヤーリフレクターを作ることができる。同じ太さのログを十分な量そろえるのは決して簡単ではないため、一度見つけたら一式セットにして再利用したい。

PART 2 焚き火をあやつる

丸太でそのまま焚き火する「ラーッパネンヴァルケア」

スウェディッシュトーチは知られるようになったが、チェーンソーを使わないこの方法には焚き火に必要な知恵が数多く集約されている。ポピュラーな焚き火技術のひとつだ。

ワイルドに見えるが火力調節ができて実用的

日本でも多く見られるようになったスウェディッシュトーチ（正式名称はヤトカンキュンティラ）の原始型のような方法で、丸太と斧だけで作ることができる。ちなみに、スウェディッシュトーチとは呼ばれているものの、実は発祥はスウェーデンではなくフィンランドであると言われている。丸太にチェーンソーで切り込みを入れただけのものがヤトカンキュンティラ、斧でまっぷたつに割ったものがラーッパネンヴァルケアだ。用意する丸太には、スギ、ヒノキ、マツ、シラカバなど、比較的軽くて燃えやすい種類の樹が向いている。

> **HINT** ラコヴァルケア
> 2つの丸太を上下に積むか、二つに割って横にしたその間で火を燃やすという方法。後者の場合、簡単に言えばラーッパネンヴァルケアを横倒しで作るイメージだ。

【着火・消火の方法】

必要なのは、乾燥した丸太と斧だけ。平たい火床を準備して、作業に取りかかる。

1 丸太をまっぷたつにしたら、大きいほうの平面から1センチ厚ほどの板を適当に割りとっておく。その後、両方の平面に斧でささくれのような切れ込みを入れて火が入りやすいようにし、向かい合わせに置く。

2 ①で割りとった板からフェザースティックを作る。確実に成功させるなら、松ヤニを多く含む部分だけを切り出した天然の着火剤「ティンダーウッド」を使うといい。メタルマッチで直接着火も可能だ。

3 手元の燃料に余裕があるなら①の「割りとり」も省いて構わない。フェザースティックにしたティンダーウッドや薪で丸太を燃やしていこう。

4 火が丸太に移ってきたらすき間の幅を少しずつ狭める。火の勢いはまるで男女関係。離れ過ぎても近過ぎてもダメ。目安は1センチくらい。

5 消化する際は丸太を離して置いておく。また、消えても30分以内であれば、丸太同士を近づけただけで再び着火することも可能。

REAL BUSH CRAFT

火力を調整しながらワイルドに調理してみよう

立てた丸太の上に小石を3〜4つ置くなどすればゴトクとなり、鍋やフライパン、ケトルやヤカンなどを乗せれば調理することもできる。丸太の間隔を広げたり離したり、火力の調節は丸太のすき間の距離で行う。

PART 2 焚き火をあやつる

PART 2　焚き火をあやつる

現状復帰が原則
焚き火の後始末を極める

痕跡を残さず、熱源も温度を下げ切って撤収したい。理想は、火床にあるすべてを灰の状態になるまで焼き切ることだ。

1 火床に土を薄くかける。これには、この後かける水を全体にいきわたらせるのと、水蒸気が噴き出してしまうのを抑制する効果がある。

2 まんべんなく水をかけ、素手でさわれる温度（確実な消火）になったことを確認できたら素手で泥と灰をまぜ、可能であれば森に撒く。

3 数回に分けて土をかけながら踏み固めていく。やむを得ず泥を地中に残す場合は、2の段階で水分量に注意しよう。

4 完全に周囲の地面と同化させ、痕跡を残さない。乗っても他の地面と区別がつかなくなるように、硬さも周囲に合わせて調整しておく。

【焚き火の目的と効果】

ただ大きな焚き火に育てればいいのではない。目的に応じた大きさとその効果を把握する必要がある。

焚き火の活用法
暖・調理・虫よけ

　本来、火は人間が自然と共生していくうえで欠かせない知恵とツールだ。そして焚き火には、様々な目的と活用法がある。

　まずは、暖をとること。これには大きく炎上する焚き火がもっとも簡単な方法であるが、前述したファイヤーリフレクターを利用したり、タープを組み合わせてみたりと、熾火を使ったより燃費のいい方法がいくつかある。

　次に、調理。これには熾火が大量にたまった状態の焚き火がもっとも向いていて、焼き料理から煮炊きまで幅広く対応できる。クッカーは、熾火にじかに置いてもいいし、ゴトクや焼き網を渡した上（熾火との距離が1〜5センチほどが望ましい）に置いてもいい。大きな鍋で沸騰させたい場合は、一時的に小さな薪を追加して火力を上げる。樹種や薪のサイズによって火力や継続時間が異なるので、経験を積んで調整できるようになろう。燃えやすい樹種の小割りを多く投入すれば、一気に大きな炎が得られるだけでなく、落ち着くのも早い。一般的なBBQでは、燃料を炭火に置き換えてもいいだろう。

　それから、焚き火には虫よけ効果もある。特に煙や、体や服につくその匂いに効き目があり、煙たくもなるが自分が風下にいることで効果を最大限発揮できる。

　古来の人類が火と向き合い、ともに進化してきたように、火をつけ、そしてあやつるということは、想像を超えて遥かに奥深いことだ。そうしてあらゆる目的に活用されてきた火を、現代においてどう育て、どうあやつるか。それは、自由である。キャンプなどで実際に試してもらいたい。

REAL BUSH CRAFT

確認しておきたい
焚き火してはいけない場所

　実は、焚き火そのものを禁止している法律はない。しかし、人や燃えやすいもの（枯草など）が多い場所、市街地や屋内、それから、条例やその土地の所有者などによって禁止とされている場所では行ってはならない。キャンプ場は、焚き火自体を禁止しているところは少ないが、焚き火台やU字溝、備えつけのカマドの使用をルールとしていることが多い。都市型の公園では指定場所がない限り基本的には行えないし、河原は国や自治体が管理者であるが、地元の人達の扱い方を観察する必要もある。また、自然公園法や自然環境保全法で守られている場合があるので注意したい。緊急避難時での使用を除けば、「特別保護地区」や「原生自然環境保全地域」では原則禁止となっている。心置きなく焚き火を楽しむためにも、事前確認を怠らないようにしよう。

PART 3

調理と水

お腹がすいたら食べる。
喉が渇いたら飲む。
そんな当たり前のことを、
あえて不便にこなす。
ここでは、ブッシュクラフト的な
調理方法やレシピ、なにより大事な
水のことなどを紹介していく。
ワイルドに焼いた肉も、暖かいコーヒーも、
外で嗜めば、ひと味もふた味も違う。

食事

何を食べようか。どこで、どんな食事を、どんなふうにしようか。
ブッシュクラフトの世界では、ワイルドにだって、オシャレにだってできる。
そして何だって、格別の味になる。

どんな美味しい食料を どんな方法で調達するか

ブッシュクラフトが活発に行われる海外では、狩猟や釣りも盛んだ。また日本では、狩猟は非日常感が強いからか注目を集めがちである。

しかし、気軽に始められるか、というと実際には難しいだろう。動物の肉などの「美味しい食料」を確保するには、多くの経験や技術、知恵、または特別な資格が必要であったり、法律が関わったり、高いコストがかかったりなどと、なんともハードルが高い。

逆に、サバイバル系の媒体でよく目にする昆虫などのゲテモノ系は、確保は簡単だが、リスクも伴うし、単なる我慢大会になってしまう。誰だって、わざわざゲテモノを食べたいと思わない。

日本の環境で現地調達を楽しむなら、釣りや山菜取りが最もハードルが低い。とくに野山で美味しくてエネルギーのある食事をするのなら、渓流釣りのスキルを身につけるのがもっとも合理的で、スタイル的にもベストマッチだ。

ちなみに渓流釣りには主に、餌釣り、テンカラ、フライフィッシングの三種類があるので、それぞれの好みで選んでみよう。

持ち込み方は実用性？ それとも流行りのSNS映え？

通常のキャンプなら、レシピに合わせて食材を持ち込めばいいし、涼しい季節のオートキャンプなら、コンビニ袋でそのまま持ち込めばいい。けれどもし「SNS映え」を狙うなら、大きめのオシャレな麻袋を買っておき、ビニール袋ごとその中に入れてみよう。

また、荷物を軽くしたいときは、調味料は小分けのボトルに入れ、そろえておくといい。実用性を重んじるなら、ナルゲンボトルの小さめのラインナップがおすすめだが、オシャレに演出したい！　という場合は、たとえばコルク栓の小瓶などでもいいだろう。

HINT　源流釣り

ちなみに私は、欧米系のブッシュクラフターのように、フライフィッシングを嗜んでいる。右の写真は、私が実際に行った源流釣りの一コマ。このときイワナを釣ったフライは、以前に現地で捕獲した鹿の獣毛から作ったもの。
自然の恩恵をサイクルさせることも、ブッシュクラフターとしての大切なスキルのひとつだ。

【 クッカーの選び方 】

重要な要素に「ベイル（吊り下げ）ハンドル」であるかどうかがある。焚き火に適したものを選びたい。

焚き火調理を前提とした クッカーを選ぶ

ブッシュクラフトにおけるクッカーの選び方として、絶対外せない要素が「ベイルハンドル」であるということ。いわゆる吊り下げができるハンドルのことで、鍋形状であることが前提だ。身近な例として、飯盒やダッチオーブンなどが挙げられるだろう。フライパンのようなハンドルがついているだけのものは、焚き火での調理には向かない。また、仮にベイルハンドル式であったとしても、ハンドル部がラバーのような素材でコーティングしてあるものも、熱で溶けてしまうので避けたい。できればハンドルも金属製で細めのものを選ぼう。というのも、ウッドクラフトで自作したポットフックハンガーでは、幅広のハンドルは引っかけるのに向かないからだ。

【 クッカーの特徴を理解する 】

さまざまある形状の特徴を理解して、適切なシーンで使い分けよう。

飯盒
日本人なら誰もが知るベーシックなクッカー。焚き火向きというより焚き火専用なデザインとも言える。これ1つで炊飯はもちろん、鍋としても使用できて合理的。とても安価なところもよい。

アルミクッカー 焚き火缶（DUG社）
かつての名品「ビリー缶」を踏襲したものと思われるクッカー。上蓋は焚き火には向かないのでお皿と思って割り切ろう。ポットはベイルハンドル仕様となっている。

シェラカップ
沸かす、焼く、煮るなど、いろいろなことに使える。アウトドアマンの定番アイテムだろう。しかし、ブッシュクラフトにおいては、単に食器として使われることが多い。焚き火ではさすがに使いにくいのだ。

キャンティーン クッカーキット
（ブッシュクラフト社）

軍用の「キャンティーンカップ」をベースに、ブッシュクラフト的に改良されたもの。同社のブッシュキャンティーンボトルや、ナルゲンのオアシスなどの水筒がスタッキングできる。焚き火に特化して設計されており、ベイルハンドルを備えるほか、L字ハンドルは着脱可能。加熱中に熱くならないので、グローブなしでも使える。セットのゴトクは小さな焚き火に適していて、アルコールストーブや固形燃料も使いやすい。

たき火フライパン（深め）
（ブッシュクラフト社）

焚き火で使うために設計されたフライパン。焚き火で使うには長いハンドルが欲しいが持ち運びには邪魔。そこで、ハンドルは現地調達にするという、いかにもブッシュクラフトらしいアイテムだ。浅めに作られた別モデルはさらに携帯性が高い。42ページで紹介しているハンドルの作り方を参照してほしい。

チタンクッカー

主にガスやガソリンのストーブを使う場合に使用。焚き火には向かない仕様なので、ブッシュクラフトのシーンでは登場機会は少ない。焚き火のできないフィールドや出先でコーヒーを淹れるときなどに使っている。このように、クッカーもシーンによって使い分けができればよい。

PART 3 調理と水

【 焚き火で調理する 】

「熾火」を作ることで、火力を自在に調整することができる。どんな食材も、焚き火で自由に料理する。

何をどう調理するかで計画的に火力を調整する

　焚き火での調理の際にとにかく重要となるのが、「熾火」を作ることである。これさえ出来てしまえば、後の火力調整はいくらでも可能になる。

　だが、知識や経験がなければ、その火力調整に手こずることになる。たとえば、フェザースティックと小割りをいくらか投入して、空気を送って煽ればすぐに火柱があがる。しかし沢山の薪をむやみに投入した大きな火は調理には向かない。

　大きな肉をじっくり焼きたい。カレーやシチューをぐつぐつ煮込みたい。明日の朝一番に、パンケーキやバノック（→P96）を食べたい。どれも、焚き火でできる。何をどう調理するかによって、火力を計画的に調整できるようになろう。

「焚き火」から「熾火」にするには、薪同士を少し離すか、熾火だけ取り出せばいい。

寝ている間に焚き火を育てておく

眠る前。大きめで火持ちのいい堅木の薪を、焚き火に数本投入しておく。堅木でなくとも、多めに燃やしておけば翌朝まで熾火はじりじりと長持ちする。それまでの過程で、灰（炭とは異なる真っ白な粉状のもの）を火床に溜めておくのも必要だ。灰に熾火が埋まることで、長持ちする。

日本古来の囲炉裏をイメージすると分かりやすい。囲炉裏の灰の中には常に熾火が埋まっており、必要に応じて掘り返して使っていた。そして翌朝。一見、消えているように感じても、手をかざせば暖かく、少し灰を掘ってみると熾火が出てくるはずだ。キャンプでの焚き火でも同じことが言える。これは空気を送り込むことで復活させることができて、朝食前のコーヒーを沸かすにはもってこいだ。

パンケーキやバノックなどの粉モノの調理には熾火の火力がちょうどいい。

熾火は一見火力が弱そうに見えるが、金属製のシングルウォールマグなどを直接置けば、コーヒーくらいすぐに適温になるほどの火力がある。

火力を抑えじっくり焼く

肉をじっくり焼くには炎の上がる大きな火は不要。そんなときは、調理に入るしばらく前に、あらかじめ焚き火をして熾火を作っておく。

お湯を沸かし保温する

強い火力で炒め、そのまま多量の水を沸かしながら、熾火を作っておく。カレーやシチューなどをぐつぐつ煮込み、保温することができる。

PART 3  調理と水

現地調達で
トライポッドを作ろう

オシャレなキャンプには欠かせない、玄人感の出る三脚。
既製品は持ち運びに手間がかかったりする。現地で調達した材料で作ってしまおう。

焚き火での調理を
最大限に演出してくれる

　トライポッドの中央に、ダッチオーブンやケトルをセットして焚き火の上に吊るすことができる。薪や炭の出し入れがしやすく、高さを変えれば火力調整も楽に行える。トライアングル構造なので安定感があり、小石の多い河原などで不安定になるようなら、脚を石などで固定すればいい。

　焚き火、そして焚き火での調理をオシャレに演出してくれるアイテムでもある。焚き火を楽しむなら、セットで用意しておきたいアイテムだ。

> **HINT 吊るせるアイテムも様々**
>
> アイデア次第で、調理器具以外のもの、たとえばランタンや蚊取り線香などを吊るせば、よりオシャレに、快適にキャンプサイトを演出することができる。

【トライポッドの作り方】

同じ長さの3本の木の枝とロープワークを利用して、トライポッドを自作してみよう。

1

一本の棒に、エバンスノット（→P116）、またはクローブヒッチ（→P119）でロープをくくりつけたら、3本の木を平行に並べてまとめていく。紐が重ならないように巻くときれいだ。

2

ある程度巻けたら、適当なところに縛りつけて完了。一度のキャンプで使う分にはこれで十分だ。ほどくのも簡単になるので、おすすめしたい。繰り返し使う前提で作るなら、図のようにしっかり結ぶといい。

1

3本の棒のうち1本に、クローブヒッチ（→P119）またはエバンスノット（→P116）でロープを固定する（図はクローブヒッチ）。

2

余った末端は軸のロープに絡めておき、3本の棒にジグザグに通していく。図はわかりやすくするためにすき間が空いているが、実際にはすき間なく巻きつける。

3

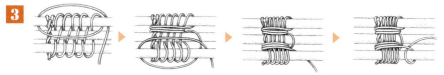

あまりジグザグを幅広くやりすぎると固定が強すぎて三脚として広げにくくなるので、途中で様子を見ながら行う。ある程度の幅を巻いたら、棒と棒の間にロープを通して巻く。これにより1本1本がより抜けにくく固定される。

4

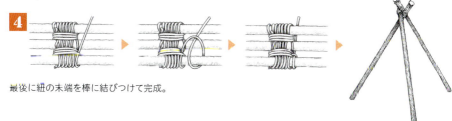

最後に紐の末端を棒に結びつけて完成。

【縄文時代の燻製】

塩漬け、乾燥にするよりも保存性を増すのが燻製だ。縄文時代の燻製法を学んで、活用したい。

「縄文燻製」を利用して現場で即席保存食を作る

干物、燻製、漬物。これらはすべて美味しいが、元々は保存食である。なかでも燻製については、どこでも行うこともできる古来の保存食だ。古代人の住処であった洞窟で焚き火をしていたとき、吊るされた食材が偶然燻されていたことが燻製の発祥ではないか、とも言われている。

現在「縄文燻製」と呼ばれている燻製法は、穴を掘って焚き火を行うことで、古代人の燻製を再現しようとしたものだ。

多少時間はかかるし、火加減（温度）を見ておく必要もあるが、完成までの時間をどう過ごすか考えるのも楽しいものだ。

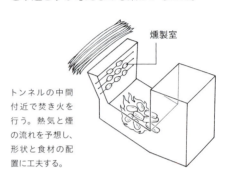

トンネルの中間付近で焚き火を行う。熱気と煙の流れを予想し、形状と食材の配置に工夫する。

場所は、木々が生い茂っていてかつ人が通らない、水はけのいいふかふか地面を選ぶ。

火床を作る要領で、掘った土は近くに盛っておく。深く掘るため、土を手でかき出す必要がある。

30センチ離れた場所にもう一つ縦長で薄い穴（燻製室）を掘り、2つの穴をトンネル状につなげる。

今回は豚肉とチーズを燻製にする。食材を刺す串は竹を割って、穴よりも少し長めに細く加工する。地面に刺すため、しなる強度が必要。

燻製液に漬けておいた肉を薄く切り、間隔をあけて串に刺す。竹のしなりを利用して、周囲の土が肉につかないように燻製室の中に串を刺す。

最初に開けた穴で焚き火を開始。できあがった熾火をトンネル内に送り込む。しばらくすると、熱と煙が燻製室に充満していく。

焚き火の大きさや位置が適切であれば、燻製室で熱を感じることができる。だいたい「塞げばサウナくらいかな？」というくらいの温度がベスト。

燻製室を塞ぎ、雑草や大量の木の葉などで覆う（今回はブッシュクラフト社のキャンバス製「たき火タープ」でフタをした）。

あとは3〜6時間ほど待てば完成だ。時間はかかるが、簡単なので失敗はしない。ちなみに、薪をスモークチップに使われる材料にしてもいい。

【 ブッシュクラフト的料理 】

育てた熾火を使って、よりワイルドな焚き火料理にチャレンジしてみよう。

1

焚き火でトルティーヤ生地を両面焼く。焼き加減はお好みだが、片面1分ずつほどが目安だ。

2

炒めておいたものなど、具材を挟む。チーズやチリパウダーなど、好きなものを挟もう。

タコス
メキシコの代表料理。様々な具材をトルティーヤに包む。"taco"は「軽食」という意味。

ブリトー
小麦粉をフライパンで薄く焼いてトルティーヤ生地も手作りしたブリトー。塩コショウした豚肉だけを巻いてみた。

バノック
現地で入手した木を削ってきれいな部分を丸く作り、そこに小麦粉を巻いて焼く、原始的なパン。

アイスパイン
ドイツの家庭料理。豚肉をタマネギやセロリなどの香味野菜や香辛料とともに煮込んで作る。

串焼き
肉も魚もなんでも。ワイルドに、串に焼いて食べよう。串を自作すればさらに雰囲気も出る。

アヒージョ
アウトドアでは今や定番のスペイン料理。じっくりと熱を通すスキレットは焚き火とも相性抜群。

焼きいも
アルミホイルに包んで熾火でじっくり焼こう。ほくほくの焼き芋と焚き火に、心も体も温まる。

REAL BUSH CRAFT

焼き魚
しなやかな木の中から、Y字に枝分かれした部分を選んで拝借する。それを内側に編み込んでラケットのような形状にする。それで足りなければ短く切った枝も入れ込む。するとブッシュクラフト的な焼き網の完成だ。ただ水分を多く含んだ生木でないと折れてしまうし、組めてもたちまち燃えてしまうので注意が必要だ。

PART 3 調理と水

ブッシュクラフト的 コーヒーの淹れ方

コーヒーはとても奥が深く、こだわりのある人も多いはず。
ここでは、ブッシュクラフト的なコーヒーの淹れ方を紹介しよう。

自分で挽いた豆を自分で煮出して飲む

挽いたコーヒー豆を、ケトルやクッカーに沸いたお湯に直接投入すれば煮出すことができる。ただ、豆を入れた状態で沸騰させると吹きこぼれてしまう。熱々のお湯に豆を入れて軽く混ぜたら、焚き火で保温しながら少し待って火から下げる。豆の沈殿を待てば飲み頃になる。

コーヒーで、ほっと一息。一人でも、大人数でも、楽しいひとときになるだろう。そんなコーヒータイムに、大きなケトルを使って煮出して飲むことができれば、きっと盛り上がる。

【豆を挽く】

コーヒーミルを使ってもいいが、ここではククサをすり鉢にして挽いてみる。粗挽きになりがちだが、また違った味わいになる。

1 アックスのハンドルをすりこ木の代わりにして挽いていく。すりこ木を自作してもいいだろう。

2 ククサに豆の油や粉がこびりつくが、それがまたいいアクセントになる。写真はまだ挽き途中の状態。

【シラカバ樹皮のドリッパー】

防水性と柔軟性、抗菌効果に優れたシラカバ樹皮で、ドリッパーを作ってみよう。

水分を含んだ柔らかい樹皮を加工する

　円錐形のペーパーフィルターをカットして展開し、その形状を目安に作る。乾燥している場合、煮れば柔らかくなる。

> **HINT　豆を焙煎する**
> 焚き火で焙煎するなら、専用器具もいいが、おすすめは鉄製のフライパンだ。チャフ（はじけた薄皮）は息でも吹きかけて飛ばし、せっかくだからワイルドに楽しもう。

PART 3　調理と水

水の重要性と「3の法則」

成人した人間の体の60％は水でできていると言われている。これは有名な話だが、その水が人間にとってどれほど重要であるのか、ご存じだろうか。

3分	空気がなければ、人は3分しか生きられない。
3時間	適切な体温を維持できなければ、人は3時間しか生きられない。
3日	水分を摂取できなければ、人は3日程度しか生きられない。
3週間	食べるものがなければ、人は3週間ぐらいしか生きられない。

空気　体温
水分　食料

生きるために欠かせない水の摂取方法を身につける

「3」はそれぞれ、3分・3時間・3日・3週間という時間の単位を示し、備えるべき要素も空気、体温、水分、食料と、順になる。

人は水分を摂取できなければ3日で死ぬと言われている。被災時や遭難時、72時間経過すると生存率が急激に下がるのも、これが原因の一つと考えられる。

もちろんブッシュクラフトのスキルを身につけていれば、水道の蛇口が周辺に見当たらなくても平気だ。安全な水は、自然環境において無限に確保できる。

【 水の運搬方法 】 野営地と水源の距離が離れている場合、水筒でちまちま運ぶよりも大量に水を運搬できる方法を知っておくと手間が省ける。

バックパックを空にして、ゴミ袋や大きめの透明のビニール袋を中に入れる。念のため2重にできるとより安心できる。バックパックでなくとも、水の重さに耐えられるものならなんでもいい。

河川や湖など水源を見つけたら、クッカーや水筒などで水を汲む。なるべくきれいな場所を見つけよう。

必要量の水を汲めたら、しっかりと袋を閉じる。

バックパックであれば背負って運べるので、相当量の水を一気に運ぶことができる。

【水筒の選び方】

便利な水筒が数多あるなかで、どれを選び、どう水を持ち運ぼうか。市販のものでもいいし、現地で作ってもいい。

様々な種類のある水筒 もっとも便利なのは？

結論から言うと、最も簡便なのはペットボトルだ。特に簡単につぶれるタイプの500mlボトルが便利。耐久性には乏しいが、一度使ったら破棄するものだから捨てても惜しくない。寒冷地では、尿を入れて湯たんぽにすれば体温も奪われにくい。

しかしここでは、あくまで水筒として製造されているものを、メリット・デメリットを含めて紹介したい。

最も重要なのは、「水筒単体で携行できる（しやすい）か否か」である。

樹脂製 コンパクトで、持ち運びに便利。耐久性に優れているので、繰り返し使うことができる。円筒形やフレキシブルなタイプのものが定番。

ブッシュキャンティーンボトル

トライタン樹脂を採用した最新式。その他のミリタリー系ボトルと同様、単体で腰に装着したり、ショルダー掛けすることを前提としている。フィットするタイプも市場に多く出回っているため「キャンティーンカバー」で探せば沢山の種類から選べる。

ナルゲンボトル（円筒形）

こちらもトライタン樹脂を採用しているが、ザックへの収納を前提としているため、いつでも肌身離さず携行という使い方には向かない。ただ、口が大きいので水以外の容器としても使える。同じナルゲンでも「オアシス」はキャンティーン形状なのでおすすめだ。

金属製 保温のできるものとできないものがある。後者に関しては、直火にかけられるタイプのものであれば、お湯づくりに有用と言える。

ミリタリーキャンティーンボトル

シングルウォールの金属ボトルは、保温こそできないが直火で湯沸かしが可能になる。円筒形がほとんどであるが、なかには写真のようなミリタリー系の形状もある。ボトルハンガーを使うなど、工夫次第で焚き火に吊り下げることが可能だ。塗装されているものは焼けてしまうので注意が必要。

スタンレー

保温できるぶん重たくなるので、オートキャンプ向き。こまめに湯をストックしておくようにすると、いざ必要なときに沸くのを待つ時間から解放される。家族や集団でキャンプをすると色々と多忙になるので、保温できるタイプは1つ持っていると何かと便利だ。

【 水筒を自作する 】 日本をはじめアジア圏で多く見られる竹は、ブッシュクラフト的にも用途が多岐に渡る。ここでは竹から水筒を作ってみる。

割りとりたい範囲の両端にナイフで穴を開け、2点をつなぐようにノコギリで切れ込みを入れる。両端の穴が目印になり、割れ止めにもなる。

あらかじめ穴位置から竹の上端までナイフでまっすぐな目印をつけておき、それに合わせてバトニングで竹を割りとる。

飲み口、空気穴、紐を通す穴をナイフで開ける。飲み口の大きさはお好みで。開ける穴は計4カ所。

②で割りとった竹をバトニングで小さくカットし、飲み口のキャップを作る。差し込み口はナイフで調整する。

必要に応じて紐を通し、キャップをなくさないように縛っておく。紐の長さは試着しながら調整する。ショルダーストラップをつければ肌身離さず携行可能だ。

実際に水を入れて飲んでみる。飲みやすいように飲み口の面取りや導線づくりは好みに応じて調整する。

【飲み水確保の方法】

現地調達した水を、飲み水にする方法。これさえ覚えておけば、あらゆるシーンに備えることができるだろう。

■ その場所の味 その水の旨みを味わう

前述した、人間にとってとにかく重要な水を現地調達する。様々な方法があるが、これらを駆使して水を浄化し、飲み水にする。熟練のブッシュクラフターは水筒に入る以上の水は持ち込まず、調理などに必要な水はその水源の水を煮沸して使うことが多い。多少の色の濁りや匂い、味はあまり気にしていないのだ。むしろそれが「味わい」になる。

現地の水を飲むということは、その大地が持つ「旨み」を味わうことでもある。

アウトドア用浄水器を使う

もっとも手軽な方法と言える。フィルターが大容量で大量の水を浄化することに向くポンプ式、シンプルかつ軽量な手絞り式のボトル型、ペットボトルと組み合わせることができるスーパーデリオス（①）や、さっと汲んでその場で飲めるバランスのいい携帯浄水ボトル（②）など、種類も豊富だ。また、フィルターに関しても中空糸幕からセラミックまである。

煮沸する

基本的に、大自然の中にある水源は最低でも煮沸するだけで飲める。都心に近い場所の水だとしても、魚が生息していたり、コケなどの植物が生えていたりすれば、ほとんどの場合は飲むことができる。雪でも同様に煮沸で対応できる。最もブッシュクラフターらしい手法と言える煮沸には、クッカーやケトルを使うのが一般的だが、アジア圏ならではの竹を使用した方法もある。

消毒剤を使う

液体やタブレット状の、市販の水質浄化用の消毒剤があり、これはインターネットなどで簡単に購入することができる。また、赤ちゃん用の「ミルトン」や医療用の「ピューラックス」、「ヨードチンキ」などを使う方法もある。消毒剤の臭いがついてしまうし、効果が目に見えにくいため少々不安に思う人もいるようだが、確実に消毒している。

【竹で煮沸する】

日本を含むアジア圏ならではの竹を使った煮沸方法。竹という素材の優秀さを改めて実感することができる。

1 青竹（枯れていない緑色の竹）を1節半〜2節分つなげたまま調達。まずは地面に突き刺す部分を加工する。竹の水筒と同じ方法（→ P103）で割りとればいい。

2 残った部分は突き刺しやすいように先端をナイフで尖らせておく。

3 水の出し入れ口となる部分をノコギリで切り落とす。

4 尖らせた先端を焚き火にかけられる位置に斜めに突き刺したら水を入れる。

5 竹に炎が届くくらいまで焚き火を育てる。このとき、地面に突き刺した部分に火があたると熱で曲がってしまうので注意。沸騰したら殺菌は十分。

HINT 竹で濾過装置を作る

竹をコップのような形状に切ったら、底面にナイフの先端で小さな穴を開ける。下から砂利・消し炭・砂・砂利の順で積層させる。布切れがあれば各層の間に入れるといい。これで自然物を使った濾過装置ができる。

PART 4

ロープの種類と使い方

テントやシェルターの設営含め、
キャンプや野営にて
備えておきたいスキル、
それがロープワークだ。
複数種類あるため覚えるのも大変だが、
使いこなせるようになれば、
野営拠点の設営もスムーズになるし、
人命救助のスキルも身につく。

PART 4　ロープの種類と使い方

テント・シェルター設営に役立つ
ロープの種類とロープワーク

ロープの種類を見極め、必要なシーンに適切なロープワークを施す。
これができると、野営手段のバリエーションも格段に増える。

安全性が担保された
化学繊維のロープを使う

　ロープにもいろいろあるのだが、ここでは主にシェルター（テントやタープ）設営に使うロープについて解説する。綿や麻縄などのレトロ素材も色々あるが、フォトジェニックを狙うわけではないなら、要所に絞って使う程度にしよう（もちろん自由）。前提としては、設営には気取らず化学繊維のロープを使う。安全性の面で確実だ。例えばパラコード、アクセサリーコード、ザイルなどとも呼ばれる類のものだ。好みの色も選びやすいし実用性も高い。

　さて、ロープにもいろいろな太さや伸縮性がある。タープ設営には丈夫である程度の太さのあるものが好ましいが、次に挙げる分類のうち、どれが自分のやり方に向くか考えてから使ってみよう。大別すると「ロープは伸びるものもあれば、伸びにくいものもある」ということは覚えておくといいだろう。

【ロープの種類】

伸縮性のあるもの、太さや細さ、どれほどの重さで、破断するのか。ロープを選ぶ基準は使用シーンによって分かれる。

❶ダイナミックロープ

人命にかかわるものは8ミリ以上の太さになるが、パラコードのように細いものもある。個人的には滑落防止の命綱としてこれを使っており、そのままキャンプ設営にも流用する。

❷スタティックロープ

伸縮性が最小限に抑えられているロープ。レスキュー隊などが、高所で全体重を任せてぶら下がったまま作業をするときなどに使われる。

❸アクセサリーコード

登山用品店で量り売りしている。写真は太さ5ミリ、長さ10メートル。5ミリあると強く引っ張っても手が痛くなりにくい。ブッシュクラフト社の「たき火タープ」やフロストリバーの「ノースウッズタープ」など、3〜5kgくらいの重たいタープを設営する際、リッジラインとして使っている。

REAL BUSH CRAFT

ピンチに役立つ着火剤ロープ

550 Fire Cordは、ロープの中から赤い着火剤を取り出して火をつければ、長く燃焼する着火剤になる。たとえば靴紐と交換するなどしておけば、ここぞというとき、いつでもピンチを乗り切る準備をしておくことができる。

550 Fire Cord

4ミリのパラコード（パラシュートに使われる紐）の中に着火剤を通した、少し特殊なロープ。

【ロープワークの使いどころ】

112ページから紹介するロープワーク。まずはそれぞれの使いどころを把握しておこう。

ポールがなくても設営可能 ロープ1本あればいい

ロープワークは便利かつ重要なスキルだ。ロープ1本とスキルさえあれば、キャンプの多様性は劇的に変わる。

特にロープだけで設営する場合は、「リッジライン」がキーになる。これは設営の軸となる部分のことで、最初にアンカー（木と木の間）を通して一直線にロープを張るもの。単に結ぶよりも、強固に張るための技は115ページで紹介している。

ロープワークを難しそうとか不要に思っている人も多いかもしれないが、そんなことはない。こんなに便利で簡単に覚えられる「スキル」を使えないままだとしたら、非常にもったいない。たとえば一般的なテントであれば、必ずガイライン（ガイロープ）の長さを調整するためのコードスライダーがついている。実はこれは114ページで紹介している「トートラインヒッチ」を使えば不要なのだ。不要になれば自分の好きな色や太さのガイラインにつけ替えることも可能。同じテントでも周囲との差別化を図れるうってつけの手法だ。

以降のページで特に便利で多用するスキルについては動画でも紹介しているので、QRコードを参照していただきたい。

ブッシュクラフターズテントの設営

適当な木と木の間にリッジラインを張って、そこにテントを吊り下げている。居住性も高いテントなので、太めのロープでしっかりと張る必要がある。空間を作るロープはトートラインヒッチで張られており、手前側は側面を立たせるためにテントの高さほどの木をポール代わりに使っている。

❶トラッカーズヒッチ（▶P115）＋トートラインヒッチ（▶P114）❷トートラインヒッチ（▶P114）
❸エバンスノット（▶P116）orクローブヒッチ（▶P119）＋エイトノット（▶P113）❹エバンスノット（▶P116）orもやい結び（▶P112）＋トートラインヒッチ（▶P114）

タープの設営①

野営地にタープポール代わりになる木を見つけたら、ダイヤモンド型（→P134）やタープティピー型（→P129）の設営を試みたい。その際、肝になるのはスローイングノットだ。まずはスローイングノットでロープを木にかける。ロープをエバンスノット or もやい結びでタープに接続したら、設営開始だ。

❶スローイングノット（▶P118）❷エバンスノット（▶P116）orもやい結び（▶P112）❸トートラインヒッチ（▶P114）❹タープは直接ペグダウン

タープの設営②

これはAフレーム型（→P130）のアレンジで、手前だけを水平に開放している。ブッシュクラフターズのテント同様、リッジラインで設営している。雨が降ると水平に張られたタープには水が貯まりやすいので雨どいにしている。アンカーとタープ、どちらにどの結びを使うかは、現場のやりやすいほうで構わない。

❶トラッカーズヒッチ（▶P115）＋トートラインヒッチ（▶P114）❷エバンスノット（▶P116）orクローブヒッチ（▶P119）＋エイトノット（▶P113）❸トグルフリクション（▶P117）❹エバンスノット（▶P116）orもやい結び（▶P112）＋トートラインヒッチ（▶P114）

【もやい結び】

ロープの片側を輪っか状にして結びつける。アウトドアにおいては、その実用性から「結びの王者」とも言われている。

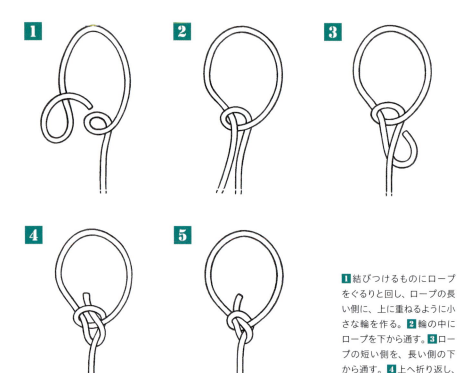

1 結びつけるものにロープをぐるりと回し、ロープの長い側に、上に重ねるように小さな輪を作る。**2** 輪の中にロープを下から通す。**3** ロープの短い側を、長い側の下から通す。**4** 上へ折り返し、輪の中へ上から通す。**5** ロープの両端を持ち、きつく縛る。

〈引き解け結びの場合〉

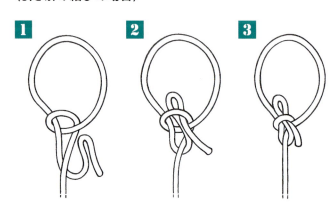

上記 **3**〜**5** を左図のようにしておくと、末端を引っ張るだけでほどけるようになり、実用性が高い。ただし、不意にほどけたとき命にかかわるような場面では使わないこと。

【エイトノット】

8の字結びとも言われる基本中の基本。設営シーンでの出番は多くはないが、抜け止めとして使う（→ P119）こともできる。

1
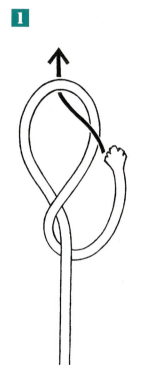

2
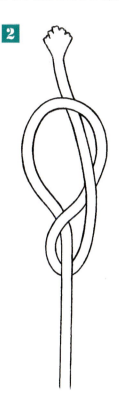

3

ループを作ってひとつ余分に回して下からループに通すだけ。見た目が8の字になっていればOK。

ダブルエイトノット

エイトノットを2つ折りにして行うと輪っかを作ることができる。クライミングでも使われる信頼性の高い結び。

【トートラインヒッチ】

テント設営の際など、使用頻度が非常に高い。長さを自在に調整できるので「自在結び」とも呼ばれる。

1 この方法はキャンプ設営用にアレンジ（簡素化）した結びのため、一般に知られているトートラインヒッチよりシンプルであることをご了承願いたい。
軸紐に手前から奥に3度（隙間なく）回し、手前に引っ張る。3回まわした紐がクロスしているのがポイントだ。

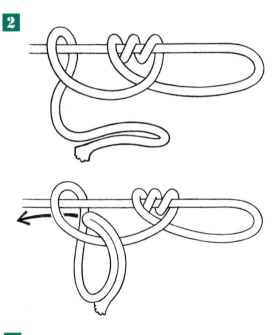

2 テンションを保ちながら、末端側を軸に紐に結びつける。このとき、図のように末端を二つ折にすることで「引き解け式」にしておくと撤収がスピーディーになる。
手前の部分で軸紐にぐるりと回し、輪を作る。紐の末端を二重（しなくてもいい）にし、輪の中に通す。

3 長くする：紐末端の結びと3回巻いた部分をつまんでシャクトリ虫のように動かすことで調整できる。
短くする：3回巻いた部分をつまんだまま軸の紐を引っ張ると動く。最後に末端の結びをスライドしてピンと張ることで止まる。
右側の輪にアンカー（ペグなど）、左側は引っ張りたい対象に結んである。

動画で確認

【トラッカーズヒッチ】

強固に張りたいときに役立つ。理論上は、ロープを折り返すほどに何倍も堅く結ぶことができる。

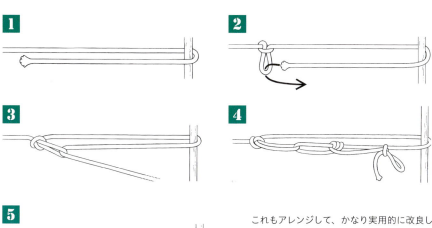

これもアレンジして、かなり実用的に改良した結び方。重たいタープやテントのリッジラインを張る際や、濡れた服を乾かすときに実用的だ。キツネやタヌキから食料を守るためにザックを空中にぶら下げて置くのにも役立つ。4で3倍、5まで行うと5倍の力でロープを張ることができる。最後は前述のトートラインヒッチで止めている。図では複雑すぎるので、QRコードから動画をご覧いただきたい。

〈上記 2 のループの作り方〉

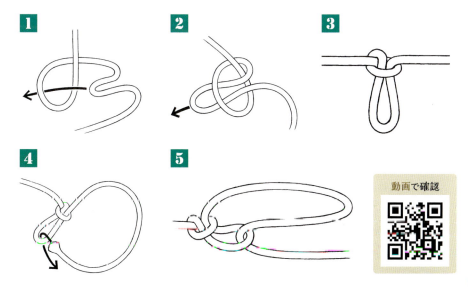

動画で確認

【エバンスノット】

設営の際に、多くの場面で活躍する。穴やループが無いシートでも、小石などを使用すれば結ぶことができる。

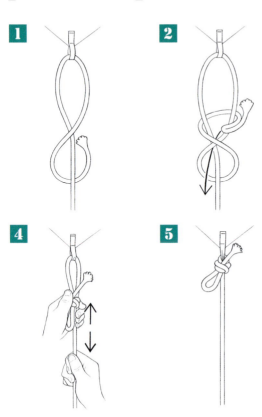

図ではわかりやすく8の字にしているが「軸に2周回して中に通す」と覚えると早い。これも動画で解説している。

1 8の字を描き、軸紐に回す。**2** 8の字の上の輪の部分に上から回して二重にし、次は下の輪の中に通す。**3** 二重にした部分と軸紐を引っ張る。**4** 結び目を上に動かして引き絞る。**5** 完成。

〈穴やループのないタープの場合〉

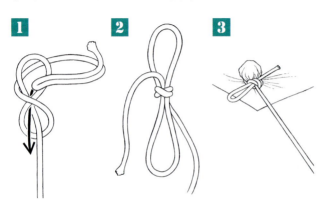

1、**2** は、上記の **4** までと同じ。**3** このように、小石などを使用して結び目を絞れば、単なるビニールシートでもタープのように使うことができる。

動画で確認

【 トグルフリクション 】

ループをタープ側につけっぱなしにできる方法。プルージックループを紛失する心配がない。

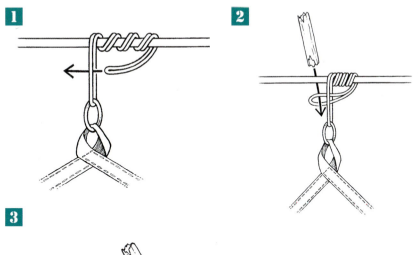

ブッシュクラフト社製「ORIGAMI TARP」のために発明した結び方。下図のトグルヒッチと、クレイムハイスト（→ P121）の原理を応用したハイブリット仕様だ。この輪自体を作るためにはダブルフィッシャーマンズベント（→ P121）を使う。

動画で確認

【 トグルヒッチ 】

輪と輪を小枝一つで接続できるので、テントの天井からランプなど、何かを吊り下げたいときによく使う。簡単かつ利便的なので、覚えておこう。

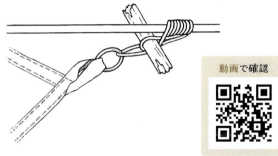

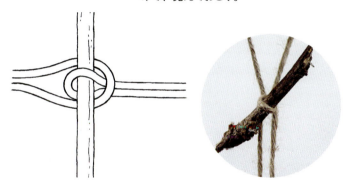

2本のロープを、小枝ひとつでつなぐ。結んでいないので、取り外すことも簡単。

【スローイングノット】

目標に向かって投げる。上手くかかれば、まとめたロープが自然とほどけて落ち、荷物などを吊り下げられる。

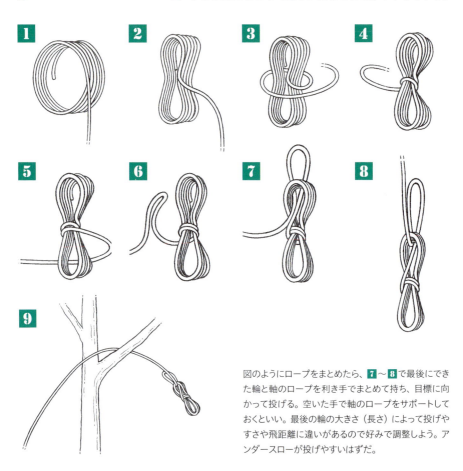

図のようにロープをまとめたら、7〜8で最後にできた輪と軸のロープを利き手でまとめて持ち、目標に向かって投げる。空いた手で軸のロープをサポートしておくといい。最後の輪の大きさ（長さ）によって投げやすさや飛距離に違いがあるので好みで調整しよう。アンダースローが投げやすいはずだ。

〈8の字でまとめる場合〉

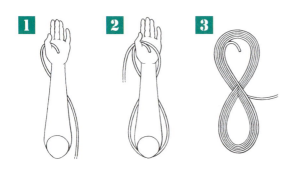

このまま上図4以降を行えば解けやすいスローイングノットになる。そのまま縛り止めて収納した場合、展開時は末端を持ったまま束を放り投げてみると、ねじれや絡みがなく、気持ちよくバラけていくはずだ。
ロープの先を親指のつけ根で挟み、肘に引っ掛けながら巻いていけば8の字を作れる。絡まりにくく解けやすくなるほか、収納しやすい。

【 ガースヒッチ 】

設営ではアンカーを作ったり、何か物を吊り下げたりするときなどによく使う。様々なシチュエーションで役に立つ。

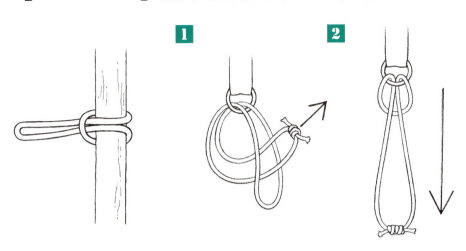

この輪っかを作るためにはダブルフィッシャーマンズベント（→ P121）を使う。トグルヒッチ（→ P117）の写真では、上はテント室内のループに、下はランタンのハンドルに、それぞれガースヒッチで固定されているイメージだ。

【 クローブヒッチ 】

棒に紐を結びつけたいときに使われるので、棒結びとも呼ばれる。ただ、あまり強度は高くはない。

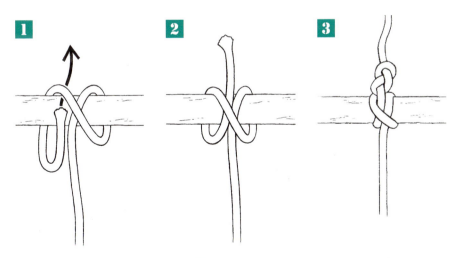

2の時点できつく縛れば一応の完成となる。3はエイトノット（→ P113）で抜け止めのコブを作っている。条件により効きが悪いので、リスクを伴う場合は必ず抜け止めをしよう。

【 プルージック 】

結び目を持てば動くが、ループを引っ張ると動かない結び。
クライミングやレスキューなど、幅広い用途を持つ。

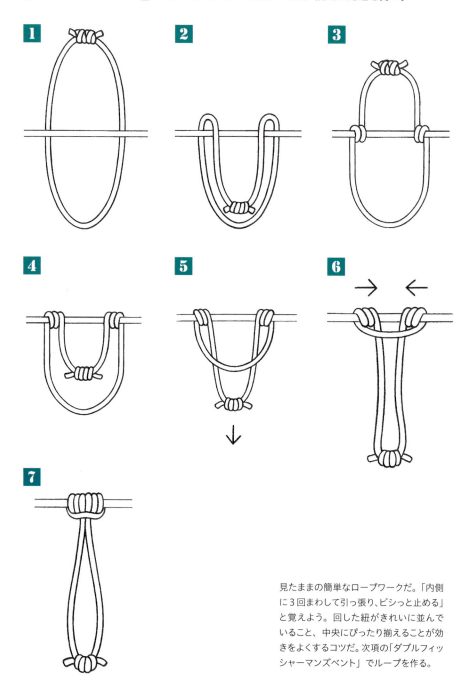

見たままの簡単なロープワークだ。「内側に3回まわして引っ張り、ビシっと止める」と覚えよう。回した紐がきれいに並んでいること、中央にぴったり揃えることが効きをよくするコツだ。次項の「ダブルフィッシャーマンズベント」でループを作る。

【 クレイムハイスト 】

主に安全装置としても使われる信頼性の高い結び。結び目を持てば左右に動かすことができる。

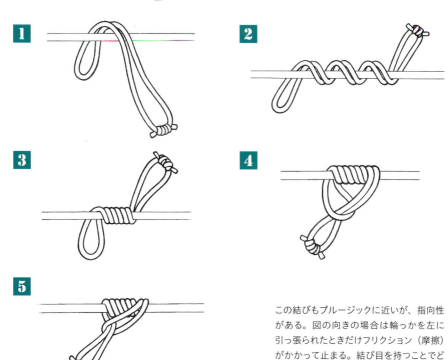

この結びもプルージックに近いが、指向性がある。図の向きの場合は輪っかを左に引っ張られたときだけフリクション（摩擦）がかかって止まる。結び目を持つことでどちらにでも動かすことができる。

【 ダブルフィッシャーマンズベント 】

輪を作るときに使われるほか、同じ太さのロープ同士の結合にも使える。

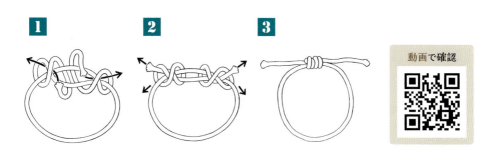

図のように、互い違いに2回巻いて縛る。図ではわかりにくいので動画を確認してほしい。なお、ロープ末端同士をつなぐと「ベント」、結び単体で使う場合（エイトノットの抜け止めなど）は「ノット」と名前が変わるのだが、実際にはどちらでも「ノット」と呼ばれることが多い。

PART 5

野営の方法

ブッシュクラフターは、
天気がよければタープさえ
張らないこともある。
地べたに敷いたマットにシュラフを広げ
星空を見上げながら眠ってしまう。
そのほうが自然と一体になれるし、
何より楽だから。
そんなブッシュクラフターの
「シンプルな野営」は、
「潤沢な知恵と経験」の上に
成り立っている。

ブッシュクラフトで「演出」する野営

　ある日、前々から嫌がっていた妻を少々強引にキャンプに誘った。もちろん私には狙いがあって、ブッシュクラフトを使って快適かつ別世界なキャンプを演出し、楽しんでもらおうと思ったのだ。それは多くのベテランキャンパーが集まる一大イベントであったが、多くは快適装備をたっぷり持ち込んでいた。

　私のようにブッシュクラフトでキャンプを演出する者などおらず、見たこともないキャンプ設営に人だかりができたほど。妻も想像以上に快適だったのであろう。それ以来、「キャンプに行くよ」と言えば、私よりも妻のほうがウキウキしながら準備しているくらいである。

野営

PART 5 野営の方法

あなたはその夜、独り大自然と一体になりたいだろうか。
気心知れた仲間と、酒を酌み交わしたいだろうか。
それとも、愛する人と、思い出を作りたいだろうか。

野営において「古さこそ自由」である

　ブッシュクラフト的なツールは、何であれ1世紀以上の歴史を持つアイテムが多く、お世辞にも便利そうには見えない。ところが実は、便利そうな最新アイテムほど自由度が限られているアイテムが多い。古いブッシュクラフトギアは、知恵とスキルさえあれば最新ギアを軽く凌駕するポテンシャルを秘めているのだ。

　ブッシュクラフトが「必要」とされていた時代は、誰しもモノやカネが乏しかった。だから、それひとつで多彩な使い方ができるアイテムが考えだされた。『ブッシュクラフターズテント』（上写真）は前室の真下で焚き火をするためのテントであるし、次ページからの「正方形タープ」は「古さこそ自由」の最たる例である。

PART 5　野営の方法

野営手段の定番アイテム
タープを活用する

主なブッシュクラフターの野営拠点はタープが定番だ。
あらゆるフィールドに適したタープの注目すべき点は？

ブッシュクラフターが好む「正方形タープ」の特長

一般的にタープというと、美しいウイング型に張ることを想定した形状が多い。その姿も美しく風にも強いが、実際のところサイズのわりには有効面積が狭く、日が傾いたり横風で吹き込むような雨になると効果が薄くなる。

一方、ブッシュクラフターには古くからのスタイルがある。それが「正方形タープ」だ。正方形タープにはガイラインやペグを通すためのループがたくさんついており、設営バリエーションは無限にある。そのため、設営方法を多く熟知していれば、あらゆるフィールドや環境に臨機応変に対応することができるのだ。

ブッシュクラフターにとってタープ泊は定番。タープポールも持ち込まず、現地のもので間に合わせる。テントのようにフルクローズする想定は基本的になく、自然と一体になって寝るのだ。

【 タープを使った暖のとり方 】

野営において重要なのは暖をとること。フルクローズしないタープでの暖のとり方を覚えておこう。

コットン100%生地なら より焚き火とも寄り添える

焚き火の目的に調理や虫よけなどがあることは既に述べているが、特に秋冬の野営においては、暖をとることが主目的だ。暖をとる方法としても、タープは組み合わせ次第で効果を高めてくれる。ただし条件がある。タープの生地は火に強いコットン100%の燃えにくいものを選ぶこと。キャンプでは、軽量化や撥水性に特化した化学繊維のタープが主流だが、それらは決して焚き火との相性はよくない。焚き火を有効活用するなら、タープのセレクトは焚き火に強い生地を選ぶことだ。

また、79ページで紹介しているファイヤーリフレクターと組み合わせれば、さらに保温効果を高めてくれることだろう。

ダイヤモンド型で 反射熱を利用する（→ P134）

テントの入り口が複数ある場合、1つの入り口際にタープを向かい合わせに設営し、風よけとリフレクターを兼ねて熱を内部に送り込む方法。

アディロンダック型で 保温効果アップ（→ P135）

上面のフラップを利用して、熱気を内部に送り込む。焚き火の奥側にファイヤーリフレクターを設置すれば、タープ内はかなり暖かくなる。

HINT　ブッシュクラフター的ファミリーテントとは

たとえば、家族を連れて本格的ブッシュクラフトキャンプを演出したい場合はタープ泊は難しい。この場合、ブッシュクラフター御用達のコットン100%のテントがおすすめ。キャンプ場でもよく見かけるティピー型もあるが、他人と差別化を図るなら、ウェレン・リーンツー（図上）やブッシュクラフターズテント（図下）などの形状が際立つ。ブッシュクラフターズテントは非常にシンプルな構造で、設営パターンも豊富。ロープワークをマスターしていればポールすら不要だ。

PART 5　野営

ブッシュクラフト的
タープでの野営スタイル

タープで野営をすると、外界と自分を隔てるものは何もなくなる。
でも、それがいい。

■「買って満足」ではない
設営パターンは無限にある

　正方形タープは、ブッシュクラフターのマストアイテム。これ1つでソロキャンプからファミリーキャンプまで多彩なアレンジが可能だ。

　素材選びも大切だが、コットン100%のものから化学繊維のものまであり、中には一見コットンに見えても化繊と混ざっているタイプのものもある。古きよきコットン100%は重たくて大きくなりがちでカビの発生に注意する必要があるが、焚き火にはめっぽう強く、真下で焚き火をしても問題ない。化繊は軽量で水に強いが、火に弱い。シーンによって使い分けよう。

シンプルな「グランドリーンツー」

小休止から野営まで幅広く使えて簡単。
これ1つで日帰りハイキングやピクニックもいい。

> 使われているロープワーク
> ・エバンスノット or クローブヒッチ
> ・ガースヒッチ
> ・トラッカーズヒッチ
> ・トグルフリクション or プルージック+トグルヒッチ

【タープティピー型】

キャンプシーンで多く見られる「ティピー」は、元々はアメリカインディアンの部族の移動用住居のこと。

センターポールを使う場合、ほとんどの正方形タープで同様の設営が可能。両サイドのガイラインをしっかり張っておくと、特に寝たときに解放感がある。

ポールを使わない「吊り下げ設営」は、ブッシュクラフト社製の正方形タープでのみ可能だ。設営方法はQRコードから動画で確認して欲しい。

使われているロープワーク
【ハンギングライン】
・スローイングノット　・トートラインヒッチ
【タープとガイライン】
・エバンスノット　・トートラインヒッチ

裏面は図のように接続されている。あらかじめガイラインで結び留めてしまい、そのまま後方に引っ張って固定すると膨らみを持たせることができる。

動画で確認

ハンギングライン

【Aフレーム型】

タープ設営の基本。有効面積が最も広く、またアレンジの自由度が高いため、多く用いられる。

正方形タープでまず試したいのが、一番簡単なAフレーム型だ。タープのループを地面に直接ペグダウンしてもいい。

> **使われているロープワーク**
> ・エバンスノット　・トートラインヒッチ

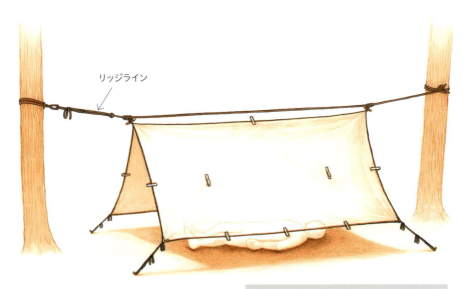

リッジラインで設営するパターン。強風で破綻してもタープは絶対に飛ばされることがない。122ページや126ページの写真はいずれもこの張り方のアレンジだ。ハンモックとの相性もいい。

> **使われているロープワーク**
> 【リッジライン】・エバンスノット or クローブヒッチ
> ・ガースヒッチ　・トラッカーズヒッチ
> 【タープとガイライン】
> ・トグルフリクション or プルージック＋トグルヒッチ
> ・トートラインヒッチ　・エバンスノット

【ウイング型】

ガイラインの本数が少ないため比較的簡単に設営できる。風の影響を受けにくく、その見た目からもハンモックとの相性抜群。

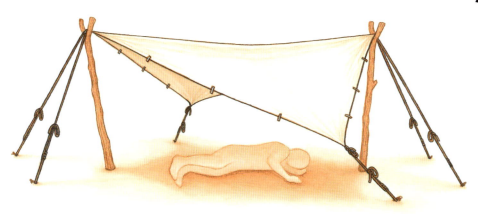

Aフレーム型と似た使い方だが、見た目ほど有効面積は広くない。ただ、のびやかな張り姿が美しく、ペグダウンが少なくてすむメリットがある。使われているロープワークは、リッジライン設営含め、前述のAフレーム型と同じ。

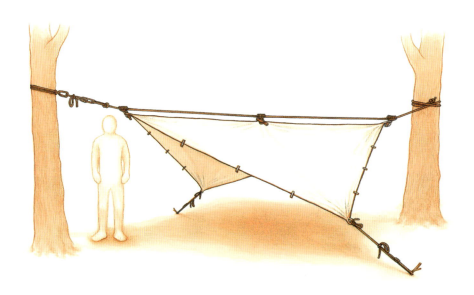

風に強いとされているが、経験上Aフレーム型のほうがペグダウンの箇所が多く耐風性に優れていると思われる。どちらもペグダウンを増やすことは可能だが、ウイングの場合放射状に長さの違うガイラインが必要になってしまう。

【クローズドA型】

プライバシー性が高く、悪天候にも強い。また、広さも十分。設営時、高さの調節に少しコツが必要だ。

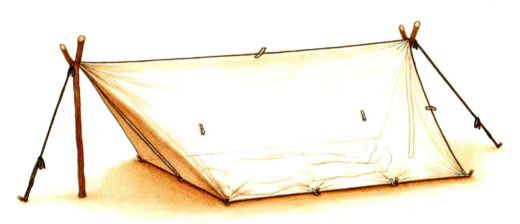

3×3メートルで1辺5ループの正方形タープの場合、計算上は横150センチ×縦225センチの床面積ができる。大人2人でぴったり、1人なら快適な空間が作れる。リッジライン設営ではハンモックと組み合わせる人もいるが、調整が難しい。ロープワークは130ページのAフレーム型と同じだ。

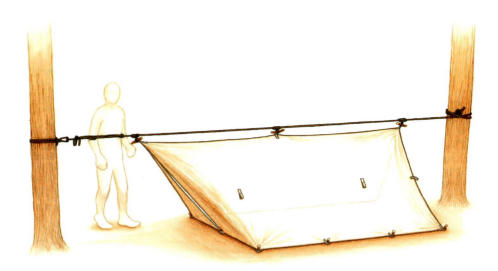

最初にクローズ側の地面を、次いで反対側の両端をペグダウン。まっすぐな長方形なので、タープをピンと張りながら目分量で行う。それからクローズ側の頂点をつまみあげ、およそ60度の傾斜の状態でリッジラインの高さを見積もる。布もタープも多少は伸縮するので神経質になる必要はないが、リッジラインが高すぎるとうまくいかないので注意。

【リーンツー型】

ロープワークさえマスターしていれば、簡単に設営することができる。主に、日除けとして使うのが一般的。

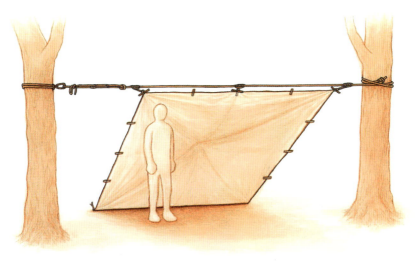

ポールで設営する場合、先に地面側をペグダウンしてから行うと簡単だ。ガイラインも1ポールに1本あれば設営できる。風の強さと向きを見極めて、強風ならペグも最大限使うようにしよう。リッジライン設営の場合は、ペグダウンは後から行う。

中央のループをガイラインで引っ張ることで膨らみを持たせて空間を広くすることもできる。これだけで圧迫感がだいぶ違う。最初は頭上に張っていたタープも、強い西日が気になったらリーンツー型に切り替えて防ぐとよい。使用するロープワークは130ページのAフレーム型と同じだ。

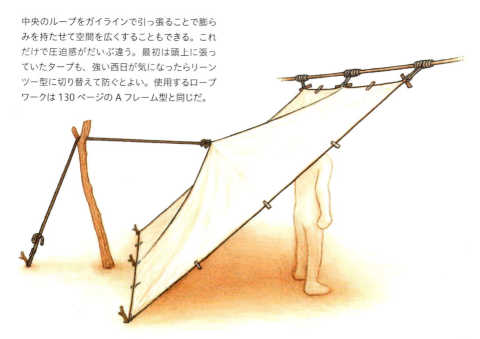

【ダイヤモンド型】

正方形タープの定番的な設営で、もっとも簡単。悪天候には弱いが、日除けに向いている。初心者におすすめ。

タープの角1点を頂点にし、反対側の角はループ1つ分の幅を中に折り込む。後は地面でペグダウンするだけと簡単だ。焚き火との相性もいい。

使われているロープワーク
・スローイングノット　・トートラインヒッチ

3×3メートルのタープなら、2メートルの高さほどのポールとの相性がいいだろう。内部で木を組み合わせて空間を広げているが、これは外から吊ってもよい。

【アディロンダック型】

オープンシェルターのなかではプライバシーを確保でき、室内の空間も広い。多少の雨なら問題なく使用できる。

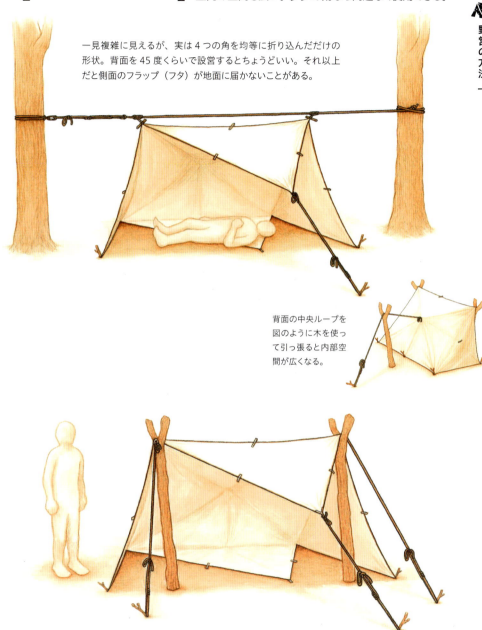

一見複雑に見えるが、実は4つの角を均等に折り込んだだけの形状。背面を45度くらいで設営するとちょうどいい。それ以上だと側面のフラップ（フタ）が地面に届かないことがある。

背面の中央ループを図のように木を使って引っ張ると内部空間が広くなる。

実際には45度くらいで設営してもタープのたわみによって側面フラップは少し末広がりに設営でき、それが理想的でもある。焚き火とは相性抜群だ（→P127）。

【ハンモックのススメ】

ハンモックは、ブッシュクラフター定番の野営アイテム。地面の状態に影響されず、急斜面でも設営可能だ。

ハンモックを選ぶなら携帯性を重視する

　森林限界以上に行かなければ、ブッシュクラフターにとっては、ハンモックとタープさえあれば山のすべてが寝床になる。ソロキャンプでは実用的なシェルターになるし、ファミリーキャンプでは子どもの遊び場や大人のリラクゼーションの場にもなる。

　ハンモックには様々な種類があるが、パラシュート生地などの化学繊維で作られた携帯性に優れる軽量コンパクトなものを推奨する。中でも蚊帳（バグネット）があるものだ。特に夏場、森の中で野営することの多いブッシュクラフターにとって、虫から守られるのはありがたい。これの有無が睡眠時の快適さを左右する。

DD／スーパーライトジャングルハンモック

ブッシュクラフターなら誰もが知るブランド。雨対策は遅れているようで、アンカーの樹木からの伝い濡れを防ぐ手立てはDIYとなるのが現状だ。

全長：270cm
全幅：140cm
耐荷重：150kg

このモデルは地面に直で設置してテントのように使うこともできる。

PART 5 野営の方法

全長：約286cm
全幅：約150cm
耐荷重：180kg

ENO／ジャングルネスト

ハンモック本体と蚊帳が一体になっていて便利。重量は780〜790gほど。蚊帳があるとオールシーズン使うことができて便利だ。

ハンモックからつたる雨水対策として、カー用品で売っているシリコンのシート（ダッシュボード上のすべり止め製品）をハサミで切ってカラビナにセットし、雨水を地面に落としている。

ハミングバード／ハンモック

刺し虫のいない時期なら、蚊帳がなくて軽量なこのモデルがおすすめだ。一人用は少し小さすぎるので、1.5人用がおすすめ。

全長：264cm
全幅：127cm
耐荷重：140kg

REAL BUSH CRAFT

見落としがちな防寒対策

ハンモックで眠る際に注意したいのが防寒対策。ハンモックで眠る場合、寝袋の生地が体を包み込むようにフィットしてくるため、上腕の側面部分まではマットの幅が足りず、寝袋の空気層もハンモックにつぶされて寒さを感じることになる。この場合、折りたたみ式のスリーピングマットを折り目で切って、上腕部分に挿入する方法で対処している。カットしたマットは座布団などにも使えて便利だ。

カヌーか、カヤックか

それぞれに起源が異なり、
伝統と文化のある乗り物である両者

大きな違いは
実用かスポーツか

　家族と愛犬をカヌーに乗せ、必要なギアと食料を満載し、広大な湖に漕ぎ出してみよう。2人のパドリングは最初こそぎこちないかもしれないが、それもまた笑いの種になる。多くのブッシュクラフターが、オープンデッキのカナディアンカヌーを選ぶのは必然のこと。なぜならそれは、カナダのネイティブアメリカンが古くから「移動手段」として使ってきたものが起源であり、人と荷物を満載して広大な河川や湖を旅していたものであるからだ。

　細かい分類はさておき、大別すると一般的に「カナディアンカヌー」と呼ばれるものが写真のタイプのもの。パドルも片側のみのシングルブレードパドルで、特にウッド素材のものが似合う。一方「カヤック」は細長いクローズドデッキ（船体の構造が密閉型）で、主にアルミや樹脂を使ったダブルブレードパドルになる。

　レクリエーションやスポーツとして導入しやすいカヤックは、レンタルなどで乗ったことがある人もいるだろう。特に機動性を重視しているのでスピードが出しやすく、長距離も楽に進める。コントロールもしやすく、荒波により転覆しても復帰しやすい。日本は海に囲まれた島国であるため、シーカヤックが盛んで、これで旅や釣りをする人も少なくない。しかし、その形状から積載量は限られており、旅やキャンプをするには創意工夫が必要になる。

　一方、生活に必要な「移動手段」であったカナディアンカヌーは、さながら現代の自動車のように積載量がある。写真のカナディアンカヌーはNOVA CRAFT社のカナディアンカヌーで、16フィートながらその積載量は454キロにも及ぶ。

　穏やかな湖、広い河川のようなフィールドを見つけたら、カナディアンカヌーで漕ぎ出してみよう。きっと、見たこともないブッシュクラフトフィールドが見つかるはずだ。

特別な場所が見つかる それこそがカヌーの魅力

カヌーかカヤックかは問わない。パドルを手にして漕ぎ出してみよう。車で行ける場所や気軽に歩いて行けるところでブッシュクラフト的なキャンプをするのは難しいが、カヌーで漕ぎ出せば、人がほとんど訪れないような場所をいくつも見つけられることだろう。

例えば、近所の大きな河川であっても、歩いては近づけないような岸辺に素晴らしい野営地が見つかったりする。または、湖や本流に流れ込む支流にも、まるで外国にいるかのような環境が見つかったりもする。

まずはレジャーとして レンタルで体験してみよう

カヌーでもカヤックでもそれぞれ漕ぎ方や転覆時の対処法がある。学ぶ方法は様々あると思うが、百聞は一見に如かず。場合によっては命に関わるので、まずはプロの指導のもとで実践してみることをおすすめする。特にカヤックは上級者でも転覆しやすい乗り物なので注意が必要だ。

ブッシュクラフターがあやつるカナディアンカヌーの場合、一般的には移動のためにゆったり乗るもので、スポーティーな使い方をすることはなく転覆のリスクは低い。ただ、開けた場所では突風や強風で流されたり、波を横っ腹で受け止めてしまう場合もあり注意が必要だ。一度転覆すると復帰が難しく、荷物をしっかり結びつけておくなどしなければ水中に投げ出されてしまう。最悪のケースを考えて、カヌー内に浮力体を縛りつけておくのも1つの方法だ。もちろん自身がライフジャケットを装着するのも必須だ。

装備はいくらでも持ち込める 冒険には余裕の装備を

カナディアンカヌーで漕ぎ出すということは、つまりオートキャンプ並の装備を運べるということでもある。

だから、見つけた場所がどのような環境であっても不足の事態にも対応できようありったけのギアを持ち込める。撮影機材も豊富に持ち込めるし、タープのほかにテントだって保険で持ち込める。ブッシュクラフトギアや刃物類をたんまり詰め込んだギアボックスも持ち込めるし、釣り具を丸ごと詰め込んでもいいだろう。

誰にも知られていない場所に、オートキャンプ並のギアと、家族や友人も乗り込んで、ブッシュクラフトキャンプを演出する。きっと特別な思い出になることだろう。

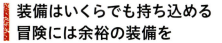

HINT ルーフラックがあれば車での運搬は難しくない

カナディアンカヌーのベーシックなサイズは16フィート（5メートル弱）ほど。大きく思うかもしれないが、一般的な自家用車のルーフに乗せられるサイズだ。横棒2本のルーフラックで積載が可能。保管場所に困る場合は、折り畳み式のカナディアンカヌー「MY CANOE」という選択肢もある。

おわりに

　さあ、私にとって初となる書籍、内容はいかがでしたでしょうか。

　今回のコンセプトは入門書ということで、ベーシックな部分をかいつまんでご紹介させていただきました。

　ブッシュクラフトがどういうものかはご理解いただけたと思いますし、これをどうアウトドアで活かしていくかは、読者の皆様の自由な発想におまかせしたいと考えております。

　みなさんの暮らしは、家庭も仕事もプライベートも全て、様々な知恵やノウハウの上に成り立っており、その全てをたった144ページの本1冊にまとめることなんてできませんよね。

　ブッシュクラフトも同じく、知識やスキルの全てを本書に収録できたわけではありません。とはいえ、もしあなたが本書の内容全てを習得されたなら、あなたはもうブッシュクラフターとしては一定以上のレベルに達しているはずです。

　つまり、本格的なブッシュクラフトであれ、ファミリーキャンプであれ、臨機応変に対応できる立派な「ブッシュクラフター」であると言えます。

　この仕事をしていると、私も登山をすることがあります。登山において目的地は山頂であり、その絶景と達成感はひとしおです。しかし、同じ山でもひとたび登山道から外れ

木々の生い茂る森に入るとどうでしょうか。

そこには登山道としての「線」はなく、広大な「面」が広がっています。どこにどう線を引くかはあなたの自由。「標高〇メートルの山頂まで何時間で行ったか」なんて関係ないのです。本当の世界と冒険は、「面」にこそあります。苔生す木々、獣たちの痕跡、絡みつく蜘蛛の糸、走り回るリスや野ウサギ、小鳥のさえずり、いくらでも見つかる火口や薪、魚がいる沢、人のいない森。

登山道（線）を見失うことを人々は「遭難」と呼びます。しかし、山を「面」で見る人は、きっとその山をもっと深く知ることができる。普段から登山道を無視して山を楽しむブッシュクラフターなら、不意に外れてもきっと焦ることはないでしょう。

ちなみに、日本ブッシュクラフト協会（JBA / Japan Bushcraft Association）では、皆様の自然体験の助けとなる知識やスキルをお伝えしたり、そのためのプロのブッシュクラフター育成を行っています。本書を読んでブッシュクラフトに興味を持たれた方にとって、そのスキルを深める機会になればと思います。

相馬拓也

Profile
相馬拓也

日本初のブッシュクラフト専門メーカー「ブッシュクラフト株式会社（Bush Craft Inc.）」代表取締役。日本ブッシュクラフト協会（JBA）代表理事。陸上自衛隊CRFへの装備納入実績もある。現場主義者で、ほぼ全ての商品を自らの経験を基に企画・開発しており、ブッシュクラフトインストラクターとしても活躍中。同社製品はアウトドア専門店や大手通販サイトに納入している他、直営ネットショップからの直売も行っている。

http://www.bushcraft.co.jp/　http://bushcraftassociation.jp/

取材協力	大泉聖史
写真	見城了、相馬拓也
撮影協力	入戸野健二、恵美、真彩、咲彩、美彩、入戸野彰、橋本和明、鈴木正明、佐野邦明、山下純
イラスト	中島登詩子
デザイン	菅沼祥平（スタジオダンク）
編集協力	渡辺有祐、小枝指優樹（フィグインク）
編集	五十嵐雅人（山と溪谷社）

ブッシュクラフト入門

2018年 3月20日　初版第1刷発行
2018年11月30日　初版第2刷発行

著者　　相馬拓也
発行人　川崎深雪
発行所　株式会社山と溪谷社
　　　　〒101-0051 東京都千代田区神田神保町1丁目105番地
　　　　http://www.yamakei.co.jp/

　　　■乱丁・落丁のお問合せ先
　　　山と溪谷社自動応答サービス　TEL.03-6837-5018
　　　受付時間／10：00-12：00、13：00-17：30（土日、祝祭日を除く）
　　　■内容に関するお問合せ先
　　　山と溪谷社　TEL.03-6744-1900（代表）
　　　■書店・取次様からのお問合せ先
　　　山と溪谷社受注センター　TEL.03-6744-1919　FAX.03-6744-1927

印刷所　株式会社光邦
製本所　株式会社光邦

©2018 Takuya Souma All rights reserved.
Printed in Japan
ISBN978-4-635-58038-0